ちくま学芸文庫

アマルティア・セン講義

グローバリゼーションと人間の安全保障

アマルティア・セン
加藤幹雄 訳

筑摩書房

目次

訳者まえがき　7

第一章　グローバリゼーション——過去と現在　13

第二章　不平等の地球規模拡大と人間の安全保障《ヒューマン・セキュリティ》　43

第三章　文明は衝突するのか——問いを問い直す　79

第四章　東洋と西洋——論理のたどり着くところ　113

解題　センの経済思想と文明思想（山脇直司）　165

本書は、二〇〇九年二月、日本経団連出版より『グローバリゼーションと人間の安全保障』として刊行された。文庫化に際しては、タイトルを改めた。

アマルティア・セン講義　グローバリゼーションと人間の安全保障

訳者まえがき

本書は、一九九八年度ノーベル経済学賞受賞者アマルティア・セン Amartya Sen 博士による第十三回石坂記念講演「グローバリゼーションと人間の安全保障」“Globalization and Human Securities”を柱とし、これに日本における他の講演と『ニューヨーク・レビュー・オブ・ブックス』誌に発表された論文「東洋と西洋――論理のたどり着くところ」“East and West: The Reach of Reason”を加え、さらに全体について山脇直司・東京大学教授（当時）による「解題」を付して一冊にまとめたものである。

石坂記念講演は、戦後日本経済の復興と発展に大きな足跡を残した石坂泰三（一八八六〜一九七五）経済団体連合会（現・日本経済団体連合会）第二代会長の功績を記念するために一九七六年に設立された国際文化教育交流財団（通称石坂財団、現・

経団連国際教育交流財団）の事業の一つとして、継続的に実施されている。この講演シリーズは、「今日の人類社会が直面するさまざまな基本的諸問題を幅広く取り上げ、世界的に著名な講師にグローバルな視点から卓見を開示していただき、さらにそれを刊行することによって、広く世人の啓蒙と国際相互理解の増進に寄与する」ことを目指している。これまでに、『開発と自由』（スジャトモコ）、『技術社会の未来――予測不能の時代に向けて』（ダニエル・ブアスティン）、『仏典のことば――現代に呼びかける知慧』（中村元）、『イスラーム文化――その根柢にあるもの』（井筒俊彦）、『現代世界と人類学――第三のユマニスムを求めて』（クロード・レヴィ゠ストロース）、『21世紀は個人主義の時代か――西欧の系譜と日本』（ロナルド・ドーア）、『日本と東アジアの隣人――過去から未来へ』（マリウス・ジャンセン）、『中華文明と中国のゆくえ』（ワン・ガンウー）などが刊行されている。

セン博士による石坂記念講演が行われたのは二〇〇二年で、すでに六年の歳月が過ぎたが、諸般の事情からその講演録の刊行は今日まで伸び伸びになっていた。しかし、その後も加速するグローバリゼーションの趨勢とそれに伴う地上の人々の間の格差拡大は、六年前の石坂講演におけるセン博士のメッセージの意味をいっそう重からしめている、という認識から本書を出版することにした次第である。

セン博士は、当時ケンブリッジ大学トリニティ・カレッジ学長の重職にあり、加えてノーベル賞受賞後には世界中から殺到する講演依頼への対応などで多忙を極めておられ、日本に来て前述のような趣旨の連続講演を引き受けていただくのは決して容易ではなかった。しかし、幸いにも財団評議員のポール・チェン東京大学教授（当時）が博士と親交があったことや、セン博士自身が日本近代化の歴史に早くから少なからざる関心を寄せておられたこと——この点については本書の第一章での言及からも明らかである——などもあって実現することができた。

セン博士が石坂記念講演のために来日された時期に合わせたかのように、東京大学に「名誉博士称号授与制度」が設けられた。そして東京大学史上初の名誉博士称号は、「開発と貧困の問題に関する研究業績により、広汎な学問分野にインパクトを与えて、世界の学術文化の発展に対してすぐれて顕著な貢献をなした」セン博士に贈られたのである。本書の第三章「文明は衝突するのか——問いを問い直す」は、その名誉博士称号贈呈式典における記念講演"Questioning the Question: Do Civilizations Clash?"を、佐藤仁・東京大学助教授（当時）が訳出して東京大学『学内広報』（一二三八号、二〇〇二年五月）に掲載されたものを許可を得て収録したものである。第四章「東洋と西洋――論理のたどり着くところ」は、グローバリゼーションについての著者の一貫した基本的認識を示す論文であり、本書全体の底流として著者自身が選んで本書への収録を示唆されたものである。

訳者は、石坂記念講演の企画と講演録の出版・編集に長くかかわらせていただいていることから、本書の翻訳も引き受けることになった。財団常務理事の中村芳夫氏（元・日本経団連事務総長）と財団事務局ならびに本書の編集・出版を引き受けていただいた日本経団連事業サービスのスタッフからの温かいご支援とご協力に感謝申しあげたい。また全体に丹念に目を通され、一般読者のセン思想理解に有益な「解題」を執筆いただいた山脇直司教授、そして翻訳原稿の整理を助けていただいたアイハウス・プレスの佐治泰夫氏に対しても感謝の意を表したい。

この訳者まえがきを書き終えた今、六年前、石坂記念講演を終えて日本からの帰路、インドに立ち寄り高齢の母に会うのが楽しみだと言いながら東京を去っていかれたセン博士の温和なスマイルがあらためて鮮明によみがえる。

加藤幹雄

二〇〇八年十二月

第一章

グローバリゼーション——過去と現在

第十三回石坂記念講演の講師にお招きいただき、この講演を通して石坂という由緒ある名前と国際文化教育交流財団の伝統に加えさせていただきましたことは、私にとって大きな光栄であり、喜びでもあります。

講演の構成について

この講演は二部から構成されますが、第一部（本書第一章）と第二部（同第二章）を通して「グローバリゼーションと人間の安全保障（ヒューマン・セキュリティ）」という一般テーマについて論じてみようと思います。グローバリゼーションと人間の安全保障の相互関係は、現代の世界思潮の中でますます中心的な課題になっているテーマでもあります。第一章「グローバリゼーション——過去と現在」では、歴史的視点からこの課題を検討してみたいと思いますが、そのためにはまず、グローバリゼーションについての従来の共通概念のいくつかを否定することからはじめなければなりません。従来の共通概念とは、グローバリゼーションをごく最近の新しい現象であるとみなす考え方や、本質的には西洋による世界支配の過程、あるいは少なくとも世界が西洋化されていくプロセスとみなす考え方です。歴史的視点からグローバリゼーションを検証するには、まずこうした既成概念の排除が求められます。さらに、グローバリゼーションはある人々には利益をもたらすが他の人々には不利益な結果をもたらすものだ、という概念の排除も求められることになります。第一章では、グローバリゼーションの課題を、地球規模での不平等の拡散と結びつけて論じてみたいと思いますが、この問題については「不平等の地球規模拡大と人間の安全保障」と題した第二章においてより集中的に取り上げるつもりです。不平等のグローバル化を論ずるには、いま世界中で見られるグローバリゼーションに対する抗議運動や反対デモの引き金になっている社会不正、あるいは少なくとも正義に反するとみなされるような諸々の社会現象について、より深く踏み込んで検討してみなければなりません。第二章では、地球規模での社会正義要求を、人間の安全保障要求と関連づけて論じてみます。

二〇〇一年、日本政府の提唱によって国連組織枠組みの中に「人間の安全保障委員会」Commission on Human Security が設置され、私はその委員会の共同議長を緒方貞子・国際協力機構理事長（当時、元・国連難民高等弁務官）と一緒に務めております。現代国際社会を特徴づけている人間の安全保障に関する課題の点検を重要な任務とするこの委員会では、グローバリゼーションが弱者の立場におかれている人々の生活安全保障の強化につながるのか、あるいは弱者をいっそう弱体化することになるのかという問題、そしてさらにはグローバルな結びつきを人間生存の不安定化防止にどのように利用するかという問題についても検討しなければなりません。

グローバルな謎

グローバリゼーションは、現代世界で最も盛んに論じられているテーマであるにもかかわらず、その定義は必ずしも決して明確ではありません。地球規模でのさまざまな相互作用現象が、グローバリゼーションという一般的な言葉で一括されてしまっているからです。地球規模の相互作用には、国境を越えた文化的影響力をはじめ、経済・ビジネス関係の世界規模拡大などにいたるまでさまざまな現象が含まれています。グローバリゼーションの功罪をめぐる議論が最近盛んになっていますが、それはシアトルやプラハ、ジェノバ、メキシコシティ、アビジャンなどで発生した抗議運動にも反映されています。また、グローバリゼーションをめぐる論争については、膨大な研究文献があり、主張もさまざまです。たとえば、グローバリゼーションは基本的には思想や信条に関する西洋帝国主義の拡大であり、富者をさらに豊かにし、貧者をさらに貧しくするという主張もあれば、グローバリゼーションは貧しい者の真の味方であり、人類の希望であるとする主張もみられます。我々はこうした相反する主張を、すべて精査してみなければならないのです。

グローバリゼーションの賛否についての興味深い問題を明らかにする一つの方法は、この幅広くて手に負えない主題に関連するいくつかの謎を点検してみることです。グローバリゼーションをめぐる論争はたくさんの謎を提起していますが、おそらく最も基本的な謎は、グローバリゼーションに対する抗議運動こそが現代世界の中で最もグローバル化が進んでいる現象の一つであるという事実ではないでしょうか。グローバリゼーション反対を主張する人々が最も強い関心を示しているのは、公平さのグローバル化であり、彼らは公平という正義が世界中にゆきわたるような国際秩序の確立を求める運動をしている場合が多いのです。もう一つの謎は、歴史的プロセス以外の何ものでもないグローバリゼーションを理解しようとする試みの中に、歴史的視点が欠落していることです。現代世界のグローバル化現象をめぐる議論の中では、世界のグローバル化の長い歴史が見落とされることがきわめて普通ですが、これは確かに奇妙なことです。グローバリゼーションをめぐる議論におけるこうした人為的障害を克服するには、グローバリゼーションについて問われる標準的問題に対して立派な解答を求めるだけではなく、標準的問題とはまったく異なる別の問題も提起すべきなのです。つまりグローバリゼーションの語義や範囲を大幅に修正しなければならないのです[1]。

ここでは、グローバリゼーションを正しく検証する際に取り上げなければならない多くの問題の中から二つの問題に焦点を当ててみましょう。第一は、グローバリゼーションを人間の新たな愚行だと見る人もいれば、逆に人類にとっての新しい祝福とみなす人も多数いるという問題です。グローバリゼーションの基本的評価についての両者の見解は対立しているものの、グローバリゼーションを新しい現象とみる点では一致しているようです。しかし、グローバリゼーションは、本当に新しい現象なのでしょうか。我々は、グローバリゼーションが人間の新たな愚行なのかあるいは新しい祝福なのかを検証する前に、まずそれが果たして新しい現象なのか否かを質しておかなければなりません。なぜならば、それを質すことは、西洋による支配の拡大をグローバリゼーションの本質的特徴とみなす見解から発生する諸問題と深く関係しているからです。第二の問題は、グローバリゼーション反対派が、グローバリゼーションは貧困者をいっそう貧しくすると主張しているのに対して、賛成派はそのような現象は発生していないと主張していることです。このような問題提起は、経済のグローバル化を評価するための正しい問題提起なのでしょうか。もしグローバリゼーションが貧困者のさらなる貧窮化をもたらしてはいないことが証明されれば、グローバリゼーションをめぐる公平の問題には決着がついたことになるのでしょうか。そうではないとしたら、現在進行しつつあるグローバリゼーションを評価するために問うべき正しい問いとは何なのでしょうか。また、人間の安全保障という概念に対する新しい関心の高まりは、グローバル水準での平等をめぐる問題や、経済機会や生活保障をより公正に地球規模で配分するためにグローバリゼーションが果たす役割をめぐる諸問題と、果たしてどのように結びつくのでしょうか。こうした問題も取り上げなければなりません[2]。

新たな西洋化か

グローバリゼーションは、西洋化が地球規模で進行する現象であるとみなされることが多く、この点に関してはグローバリゼーション賛成派と反対派の間にさえ、ある程度の一致が見られます。西洋化を肯定的にとらえる立場の人々は、グローバリゼーションを西洋文明の世界文明に対するすばらしい貢献であるとみており、またそのような見解にうまく当てはまる歴史的事例も存在するようです。ヨーロッパ大発展の歴史は、まずルネサンスから始まり、次いで啓蒙時代を経て産業革命が起こり、それは西洋社会の生活水準を大きく向上させることにつながりました。西洋のこのような大発展が、いま全世界に広がりつつあるのです。このような見解からすれば、グローバリゼーションは望ましい現象であり、西洋文明からの世界文明へのすばらしい贈り物であるということになります。歴史をこのように解釈する人々にとっては、西洋文明が世界にもたらした偉大な恩恵が西洋の呪いとみなされることに対して、大きな戸惑いを覚えるだけではありません。西洋文明のすばらしい贈り物の価値が過小評価され懲罰さえ受けていることに、激しい怒りさえ覚えがちなのです。他方、これとは逆の意味で注目を集めている別の見解もあります。それは西洋による支配自体を一種の悪とみなす見解です。この見解によれば、欧米の貪欲なビジネス利益集団に指導された現代資本主義は、世界の貧困者の利益には奉仕しない貿易ルールや国際関係秩序を作り上げてしまっています。反グローバリゼーション論は、狭義の西洋的特徴にだけ焦点を当てがちです。その結果、グローバリゼーションは西洋による支配、あるいは西洋帝国主義の延長とさえみなされ、糾弾されます。グローバリゼーション反対運動の関心や主張はさまざまですが、いずれにおいても西洋支配に対する怒りや憎悪が主要な役割を果たしているのは確かであり、また反西洋的要素が存在していることも明らかです。グローバリゼーションに対する抗議運動では、さまざまな非西洋的アイデンティティが高らかに謳われ、祝福されます。それは、イスラム原理主義のように宗教と結びついた場合や、アジア的価値を称賛する人々のように地域的な結びつきをもった場合、さらには儒教倫理を讃える人々のように文化と結びついた場合など、さまざまな形で主張され、それぞれが西洋世界との対決をいっそう激化させています。

次に、グローバリゼーションは果たして新しい西洋の呪いなのでしょうか。事実からすれば、それは特に新しい現象でもなければ西洋的でもなく、また西洋の呪いでも決してありません。グローバリゼーションは過去数千年にわたって、旅行、交易、民族移動、文化的影響力の拡散、科学技術に関する知識と理解の普及などを通じて、世界文明の進歩に貢献してきました。地球規模の相互関係は、世界のさまざまな国々の発展を促す力として作用することの方が多かったのです。しかもグローバリゼーションは、必ずしも西洋的価値の拡散という形で進行してきたわけでもありません。また歴史的には、グローバリゼーションの活発な推進力が、西洋世界からはるか彼方の地に存在していたことも少なくありませんでした。

一千年前の世界

この点を明示するには、前千年紀末、すなわち二十世紀末よりも、前千年紀初期をふり返りながら話を進めることが適切かと思います。西暦紀元一〇〇〇年頃、科学技術や数学の世界的な広がりによって、世界の性格が変わり始めますが、技術や知識の広がりの方向は、今日の拡散の方向とはかなり逆の方向でした。たとえば、紀元一〇〇〇年頃のハイテクは、紙、印刷術、石弓、火薬、時計、鉄鎖を使った吊り橋、凧、磁気羅針盤、手押し車、回転送風機などですが、こうしたハイテクが定着して広く利用されていたのは中国であり、それ以外の世界では未知のものでした。これら当時のハイテクをヨーロッパなど他の世界へ拡散させたのが、グローバリゼーションでした。西洋数学に対する東洋数学の影響についても、同じような流れが発生していました。たとえば、インドで生まれインドで発達した十進法は、すぐにアラビア世界の数学に広く導入されるようになりました。こうした数学の発達がヨーロッパに入ったのは、主として十世紀最後の二十五年間においてでありますが、それは前千年紀初期にヨーロッパを変貌させた科学革命に重要な役割を果たしています。したがって、グローバリゼーションの推進力が何であったかということについては、そのすべてが西洋的なものでもなければ、西洋による支配と結びついたものでもなかったということになります。

グローバルな遺産

グローバルな知的共通遺産を主張するに当たっては、グローバリゼーション批判派の特徴である反西洋的レトリックに反論するだけではなく、最近の多くの著作に見られる西洋礼賛に対しても、疑問を提起しなければなりません。人類の偉大な業績ともいえるルネサンス、啓蒙思想、産業革命などの発祥が、ヨーロッパにあることは確かです。しかし、それが発展したのは、西洋文明の中に閉じ込められてしまうことなく、他の世界の経験が生かされたからでした。

グローバル文明は、世界遺産であり、特定ローカル文化の単なる寄せ集めではありません。たとえば、現代欧米の数学者が難しい計算問題を解くに当たって、アルゴリズム(アラビア記数法)を利用しても、九世紀前半に活躍したアラビアの数学者アル=フワーリズミーの名を記念し讃える手助けをしているとは気づかないかもしれません(アルゴリズムはこのアル=フワーリズミーの名前に由来しているのです)。このように西洋の科学や数学を、非西洋ルーツが明白な一連の科学者や数学者と結びつけている知的関連性の鎖が存在しているのです。アル=フワーリズミーの正確な名前は、ムハンマド・イブン・ムーサー・アル=フワーリズミー(Muhammad ibn Musa al-Khwarizmi)ですが、アルジェブラ(代数学)の語源も彼の有名な著作である『ジャブル・ムカーバラ』*Al-Jabr wa-al-Muqabilah* に由来しています。事実、フワーリズミーは、その著作を通じて西洋のルネサンス、次いで啓蒙時代、そして最終的には産業革命にさえ大きな影響を及ぼした非西洋社会——アラブ、インド、中国など——出身の多数の貢献者の一人にすぎません。ヨーロッパとヨーロッパ化されたアメリカにおいて西洋が達成したすばらしい業績は、もちろん認められてしかるべきです。しかし、それが純粋な西洋社会だけの力によって成し遂げられたと考えるのは、幻想にすぎません。

グローバルな科学と技術の進歩は、決して欧米の独占指導によるものでなかっただけではありません。グローバルな進歩に、西洋が直接的にも間接的にもまったく関与しなかった例もみられます。したがって、すべてのグローバル・ゲームにおいて西洋が、唯一の先導者ではなかったにしても常に主要プレーヤーであった、という認識に対しては異議申し立てをしなければなりません。そのような認識が正しくないことを示すには、世界史における重要な出来事の一つであった世界最初の印刷本の出現を考えてみればよいでしょう。前に触れたように、印刷技術はもちろん中国で発明されたものですが、ではその技術によって印刷された最初の本の中身はどうだったでしょうか。それは仏教についてのサンスクリット語による古い注解書である *Vajracchedika-prajnaparamita Sutra* の中国語訳でした。金剛経とも呼ばれるこの仏典を五世紀はじめ頃に中国語に翻訳したのは、当時クチャと呼ばれていた東部トルキスタンに住んでいたインド人とトルコ人の間に生まれた学者クマラジーヴァでした。彼は後に中国へ移住し、そこで世界初の外国語学校の校長に任じられています。クマラジーヴァによる中国語訳仏典が印刷されたのは、四世紀後の八六八年でした。それはインド、トルコ、中国がかかわったグローバリゼーションの結果でしたが、そのような国境を越えた相互交流関係が発生したのは、西洋社会から遠く離れた地においてであったのです。

相互依存と見当違いの抵抗

思考や慣習のグローバル化には、おぞましい西洋化が伴うから反対しなければならないという誤断は、植民地化時代およびポスト植民地時代を通じて、人類の進歩を後退させる大きな力として、すでに作用していました。このような誤断は、人々の心や考え方を狭めていく傾向を強め、また科学と知識の客観性を損なう傾向をもたらします。したがって、グローバリゼーション即西洋化とみなす誤った判断自体が、非生産的であるばかりではありません。人類の歴史を通じて見られたグローバルな相互作用現象からすれば、そうした誤った判断は、非西洋社会の自殺行為にさえなりかねません。

科学や数学において西洋の思考や概念を利用することに対して、インドで発生した抵抗運動を考えてみてください。十九世紀インドで激しく主張された西洋排斥論は、西洋的教育を取るかインド古来の教育を取るかをめぐる論争から、より一般的な問題をめぐる論争へと発展しました。そして植民地支配者イギリスは、そのいずれを取るべきかの選択に直面しました。トーマス・マコーリーのような強硬な西洋化主義者――彼は十九世紀前半の英植民地インドにおける教育問題についておそらく最大の影響力を有していた人物と目されていた植民地行政官でした――は、インド古来の教育には何のメリットも認めていません。「ヨーロッパの優れた図書館にある書架一段分の書籍の値打ちは、インド・アラビア世界のすべての書籍に匹敵する、それを否定する者は、インド伝統教育の重要性を説く人々の中にさえひとりも存在しない」。マコーリーは、こう述べています。(3) このような極端な見解に対して、インド伝統教育主義者たちは、西洋からの輸入教育論をすべて否定しています。しかし、本質的に異なる二つの文明の間には基本的対立があることについては、双方が認めています。文化と文明との間には相互関係があることからすると、それは分類上の厄介な問題を必然的に提起することになります。その好例は、正弦（サイン）という数学専門用語の使用とともに「西洋」数学の三角法がインドに入った際にみられます。この専門術語は、イギリスから直接インドに導入されたもので、文化分離主義者は西洋からの直輸入の一例にすぎないとみなしたでしょう。しかし、正弦という術語は、イギリスからインドに入る前すでにグローバルに伝播されていたのです。たとえば五世紀インドの数学者アーリヤバタは、四九九年に書いた天文学と数学に関する古典的著作の中で正弦の概念を論じ、サンスクリット語でそれをjya-ardha（半弦）と呼んでいます。それ以来、正弦はハワード・エヴスが次のように述べているように、興味深い伝播経路をたどります。

「アーリヤバタは正弦概念を最初ardha-jya（半弦）あるいは順序を逆さにしてjya-ardhaと呼び、次いでjyaに短縮した。この短縮形をアラビア人は音声をまねてjibaと呼び、表記は母音を省略するアラビア語の慣例に従ってjbとされた。jibaは、その専門術語性を別にすれば現代アラビア語では無意味な言葉になってしまった。

無意味な言葉jibaの短縮形jbに出会った後世のアラビア人は、それをjaibに置き換えた。jibaと同じ文字を含んだjaibは、入り江や湾を意味する。さらに時代が下がった一一五〇年頃、アラビア語からラテン語への翻訳をしたクレモナのゲラルドによって、ラテン語で入り江、湾を意味するsinusという語に置き換えられた。現在使われているsineはsinusに由来する」(4)

この例に見られるような文化・学術交流がグローバルな規模で発生してきた歴史的事実とその相互関係からすると、何が西洋的で、何が西洋的でないかを定義するのは、容易ではなくなります。したがって、マコーリーも彼に反対する立場をとったインドの伝統主義者たちも、世界の知的進歩に貢献したグローバリゼーションを正しく理解するには、ともにそれぞれの本棚を少し整理し直さなければなりません。

古いグローバリゼーションの延長としての新しいグローバリゼーション

現代のグローバリゼーションを西洋化とみなして批判する人々は、世界史に見られたグローバリゼーション現象を過小評価しがちのようです。世界史の中では、グローバリゼーションが決して新しい現象ではないことは明白です。それは長い歴史を有する経済関係の歴史にも当てはまります。経済に関する概念や理論は、新しい商品や技術、異なる財やサービスの交換などについて学習することと歩調を合わせて進んできました。グローバリゼーションの利害をどのように判断しようとも、それが西洋化の反映であるという理由で排除するのは愚かなことです。グローバリゼーション反対派のレトリックが示唆しているように、グローバリゼーションを思想や信条に対する西洋帝国主義の押し付けとみることは、前千年紀初頭、西洋に対する東洋の影響増大にヨーロッパが抵抗を試みたことがそうであったように、大きな代償を伴う重大な誤りなのです。もちろんグローバリゼーションには、西洋帝国主義と結びついた諸問題が存在する事実を、見逃してはなりません。征服、植民地主義、他者による支配などの歴史に関係する問題が、さまざまな形で現在も残っているからです。しかし、グローバリゼーションを主として帝国主義の特性とみなすことは、大きな誤りです。グローバリゼーションには、帝国主義を超えたより大きな何かが発生しているからです。

日本の近代化

日本の歴史は、グローバルな相互交流に開かれた心で対応することがいかなる利益や恩恵をもたらすものであるかを明示してくれています。古代文明としての日本には、独自の文化を誇れる立派な理由がありました。しかし同時に古代日本は、海外の思想やアイディアを積極的に活用しました。五世紀頃渡来した仏教や儒教と日本の固有文化との間には、強い相互作用が発生しました。そして西欧列強がアジアにおいて力を誇示し始めるようになると、日本は確たる理由もなしにこれを脅威とみなし、西欧勢力を締め出しておくために、十七世紀から鎖国政策を取り、徳川時代を通じて孤立の時代が長く続きました。しかし、十九世紀中頃までにこの孤立政策は、国家に大きな代償を課していることが明白になり、日本は欧米から学ぶ姿勢へ政策を切り替えました。一八五三年、黒煙を吐く蒸気船に乗ったペリー提督が江戸湾に現れると、日本はアメリカが強いる外交通商関係を受け入れざるを得なくなるのみならず、外の世界からの知的孤立主義を見直さなければならなくなります。

明治維新当時の日本には、すでに比較的発達した学校教育制度が存在していました。それは、一つには日本が教育について伝統的に関心が強かったことを物語っており、また一つには社会や公共利益に対する関心を有する人々の影響力を示すものでありました。一九九四年、ノーベル文学賞を受賞した大江健三郎氏は、日本の教育重視や倫理意識は、大坂商人が始めた懐徳堂のような私的教育機関によって強化されたことについて語っています。懐徳堂の創始者は、徳川体制下における国家による教育に対する疑問から出発したのでした(5)。

こうした努力にもかかわらず、十九世紀中頃の日本の識字率は、当時のヨーロッパと同様、まだ低い水準にとどまっていました。もう一つ重要な点は、当時の日本の教育制度には、産業化が進む西洋世界についての知識も、また西洋社会から学ぶという視点も、ともに欠けていたことです(6)。

明治維新とともにそうした従来の日本の教育を変える強い決断がなされ、西洋から学ぶことが教育改革の重要な部分を構成することになったのです。一八六八年に発布されたいわゆる五箇条の誓文においても、「知識を世界に求め」る必要があることが宣言されました。一八七二年に公布された教育に関する基本方針では、「村に無学の家なく、家に無学の人なからしむ」ことを目指す国民教育政策が、新しい教育制度の目的として明確に掲げられました。[8] 当時、最も大きな影響力のあった指導者のひとり木戸孝允は、教育改革の課題について率直に次のように述べています。

「わが国の安定を図る長期計画は、少数の有能な人々を育成するだけでは決して達成できない。我々は全国民が忠誠、正義、人間性および礼儀の道徳律をまもるようにしなければならないが、そのような道徳律を遵守できる多数の人々を長期にわたって供給できるか否かは、教育にかかっていることは明らかである。わが国民は、今日の欧米人と何ら異なるものではない。すべては教育の問題であり、教育が十分か欠けているかどうかの問題なのである」[9]

この課題は、一八六八〜一九一一年に熱心に行われた教育普及努力によって、敏速に対応され、一九〇六年には、徴兵者の中に読み書き能力のない者は皆無に近くなりました。そして初等教育就学率は、一九一〇年までにほぼ一〇〇パーセントに達したのです。一九一三年には日本はまだ貧しい開発途上国でしたが、世界最大の書籍出版国になっていました。すなわち、日本で出版される書籍点数は、イギリスを凌ぎ、アメリカの二倍に達していたのです。日本の経済発展のすべてが、人材養成によって支えられ推進されてきたとも言えるでしょう。人材育成計画は、教育や訓練を含み、またそれは公共政策とそれを支える文化土壌の相互作用によって推進されたのでした。両者の関連性は、日本がいかにしてすばらしい経済的、社会的発展の基礎を築いたかを理解するのにきわめて重要です。

話を進めましょう。日本は近代化に際して、他者からの優れた学習者であり、また他者へのよき教師でもあったといえます。東アジアや東南アジアの国々におけるそれぞれの近代化努力は、日本の経験、すなわちまず教育を普及させ、それを梃子《てこ》にして社会・経済の変化へ拡大していくことに見事に成功した経験、から大きな影響を受けています。そしてこの日本の経験は、今日、世界中で広く学ばれているのです。それはグローバリゼーションの恩恵、すなわちお互いに学び合ったり教え合ったりすることが、大きな利益を確実にもたらすものであることの重要性を物語るすばらしいストーリーだと思います。孤立主義や島国根性は、後進性という問題に対する解答にはならないのです。

グローバリゼーションの貢献

グローバリゼーションは、過去数千年にわたって思想、人間、産物、知識、技術などの国境を越えた移動を通じて、世界の進歩を促進してきました。科学、技術、宗教、文学などにとどまらず、我々の日常生活習慣さえもが、外国から容易に学びえたことは、歴史的に深い影響をもたらしてきました。卑近な例を挙げましょう。たとえば今ではインド伝統料理の基本要素になっているチリとうがらしについて考えてみましょう。チリとうがらしは、ポルトガル人によって新世界からインドに持ち込まれるまで、インド人の知らない香辛料でした。しかしチリとうがらしが外来香辛料だからといって、それを使っている現代のインド伝統料理の伝統度合いが薄れていることにはなりません。チリとうがらしは、今やインドの香辛料になってしまっているからです。文化の影響は、もちろん双方向に働きます。たとえばインド料理の一つであるタンドリは、中東からインドに入ったものですが、それがインドから今度はイギリスに持ち込まれて、今日のイギリス料理の基本的なメニューの一つになっています。このような文化のグローバリゼーションは、長期間にわたって科学・技術や経済のグローバリゼーションを補足してきています。別の種類の例を挙げてみましょう。中国語の重要語彙の一つで、高級エリート官僚、標準中国語あるいは中国伝統料理などの意味で使われる「マンダリン」という言葉が、実は古代サンスクリット語の「マントリ」に由来することはあまり知られていません。「マントリ」は、ヒンドゥー語やベンガル語などサンスクリット系言語では現在も使われています。この言葉は、マレー経由で中国に入ったのです。これら二つの例から分かるように、文化は孤立しているのではなく、互いに結びついている場合の方がむしろ常態なのです。

　グローバリゼーションの逆は、頑迷な分離主義であり、執拗な自給自足主義です。鎖国主義には「井の中の蛙」――サンスクリット語でいうKupamanduka――という憂慮すべきイメージがあります。「井の中の蛙」については、二千年以上前から古いサンスクリット語の経典の中で警告が発せられています。そのようなサンスクリット語文献は、私の知る限り少なくとも四つあります。*Ganapath*, *Hitopadesh*, *Prasannaraghava*, *Bhattikavya* ですが、他にもあるかもしれません。Kupamanduka は一生を井戸の中で暮らし、外の世界についてはすべて疑問視する蛙の話です。井の中の蛙にも世界観はありますが、それは自分が住む井戸の中に限られたものです。人間も井の中の蛙のように生きたならば、科学や文化や経済の世界史は、きわめて狭隘なものになってしまったでしょう。これは今日においても、重要な問題であり続けているのです。孤立した生活を続けることを主張する蛙が、今日においても多数存在するからです。

グローバリゼーションがもたらすさまざまな難問と取り組まなくてはならない理由がある反面、井の中の蛙の道を選ばないよう我々は注意しなければなりません。過去数千年にわたる世界の進歩は、交易、旅行、移住、思想・知識・芸術・文化の拡散を促すグローバルな相互作用活動によって形成されてきました。したがってグローバリゼーションの過程から逸脱してはならない十分な理由があるのです。

グローバルな経済関係

次に、グローバリゼーションの経済的得失について考えてみましょう。経済のグローバル化が、地上のさまざまな地域に繁栄をもたらしたことを証明する証拠はたくさんあります。数世紀前には、貧困が地球を広く支配しており、豊かさはごく限られた地域に例外的に見られるだけでした。世界のこうした貧困状態を克服していくのに、広範な経済交流活動が、近代技術とともにきわめて大きな影響力を発揮してきました。貧困克服における経済活動国際化の重要性は、今日でも変わりません。ヨーロッパ、北米、日本、そして東アジアに発生した現象は、世界の他のすべての地域に対しても重要なメッセージを含んでいます。現代グローバル経済が直面している問題の性格をよく理解するには、まず経済のグローバルな相関関係が生み出す成果を、肯定的に認めなければなりません。主たる問題は、経済交流と技術進歩がもたらしてくれるすばらしい恩恵を、貧困層やいわゆる負け犬側の利益も十分配慮しながらいかに有効に活用するかということなのであります。(10)

それは反グローバリゼーション運動から生まれる建設的な問題意識である、と私は主張したいのです。それは構造的には決してグローバリゼーションを否定することにはなりません。貧困がたまたまグローバリゼーションと結びついたのであり、この結びつきはグローバリゼーションの本質的問題ではありません。

分配と正義

ではグローバリゼーションをめぐる論争の主たる論点はどこにあるのでしょうか。グローバリゼーションに対する主たる挑戦は、国際的にも国内的にも存在する不平等に何らかの形でかかわる問題であることを、私は提起しておきたいと思います。我々をうんざりさせている不平等問題は、豊かさの格差をめぐる問題であり、そして政治的、社会的、経済的な機会と権力の配分に見られる大きな不均衡に起因する問題なのです。そしてこうした不平等をめぐる問題は、グローバリゼーションに関する論争の中心になっているのです。つまり問題の核心は、グローバリゼーションがもたらすであろう潜在利益を、富裕国と貧困国との間で、あるいは国内のさまざまなグループの間で、どう配分するかということにあります。グローバリゼーションに関しては、世界中の貧しい人々にとっても、富める豊かな人々にとってもグローバリゼーションが同様に必要である、と理解するだけでは十分ではありません。貧しい人々が必要としているものを、グローバリゼーションによって現実に取得できるようにすることが重要なのです。そのためには広範な分野にわたる制度改革が必要になります。それはグローバリゼーション擁護のためにも常に対処しなければならない課題でもあるのです。こうした問題については、グローバルな不平等の解消に関する問題と人間の安全保障（ヒューマン・セキュリティ）、特に弱い立場におかれている人々の生活安全保障を結びつけて論ずる第二章において、検討することにします。

注

（1）この必要については、*The American Prospect*（Winter, 2002）に著者が寄稿した論文"How to Judge Globalism"の中で詳しく論じられている。

（2）より詳しくは、Amartya Sen, *Development as Freedom*（New York: Knopf, 1999）〔石塚雅彦訳『自由と経済開発』日本経済新聞社、二〇〇〇年〕を参照。

(3) T. B. Macaulay, "Indian Education: Minute of the 2nd February, 1835," reproduced in G. M. Young, ed., *Macaulay: Prose and Poetry* (Cambridge, MA: Harvard University Press), p. 722.

(4) Howard Eves, *An Introduction to the History of Mathematics* (New York: Saunders College Publishing House, 6th edition, 1990), p. 237.

(5) 大江健三郎氏と著者の間でかわされた往復書簡の第一信で大江氏が、このように述べている（朝日新聞、二〇〇〇年十月十七日、十九日）。

(6) たとえば、William K. Cummings, *Education and Equality in Japan* (Princeton: Princeton University Press, 1980)〔友田泰正訳『ニッポンの学校』サイマル出版会、一九八一年〕第2章を参照。

(7) 前掲 *Education and Equality in Japan*, p. 17.

(8) Herbert Passin, *Society and Education in Japan* (New York: Teachers College Press, Columbia University, 1965), pp. 209–211〔國弘正雄訳『日本近代化と教育』サイマル出版会、一九六九年〕および前掲 *Education and Equality in Japan*, p. 17 を参照。

(9) Shumpei Kumon and Henry Rosovsky, ed., *The Political Economy of Japan, vol. 3: Cultural and Social Dynamics* (Stanford: Stanford University Press, 1992), p. 330 に引用されている。

(10) 前掲 *Development as Freedom* の中で、より詳しく論じられている。

第二章

不平等の地球規模拡大と人間の安全保障《ヒューマン・セキュリティ》

第二章では第一章で試みた分析をさらに進めますが、第一章の論点を簡単に振り返ることから始めましょう。第一は、グローバリゼーションを新しい現象とみなすことに反論したことです。すなわち、グローバリゼーションは人類にとって新しい呪いでもなければ、新しい祝福でもなく、また決して新しい現象でもない、と論じました。過去数千年にわたってグローバリゼーションは、旅行、民族移動、交易、異文化接触、知識の拡散などを通じて進み、その影響はさまざまな方向へ向かいました。たとえば前千年紀の終わり頃、すなわち二十世紀末頃におけるグローバリゼーションの流れは、主として西洋世界から非西洋世界へ向かっていましたが、前千年紀初めすなわち西暦一〇〇〇年初期においては、ヨーロッパ社会が中国の科学技術やインド・アラビア世界の数学を吸収していた流れに見られるように、東から西への流れでした。このような相互交流から世界の共通遺産が生まれたのであり、現代のグローバリゼーションの傾向も、基本的には過去数千年にわたって発生してきた現象の延長に過ぎないのです。

第二は、グローバリゼーションは科学や文化の面で世界を豊かにし、経済においても大きな恩恵をもたらしてきたという点です。数世紀前の世界では、貧困はいたるところに見られ、人間の命は「不潔な穢れと動物のような苦役に満ち、しかも短い」ものであることが一般的で、豊かさは珍しくごく限られたところに散在するに過ぎませんでした。人間を苦役から解放するのに大きな効力があったのは、経済の相互交流でした。日本の経験も、開かれた心と態度でグローバルな影響に対して積極的、肯定的に対応することによって、経済においても科学技術においても大きな恩恵を受けることが可能になることを、雄弁に物語っています。

現代科学技術、証明済みの国際通商の効率性、閉鎖社会ではなく開放社会で生活することの社会的、経済的利点などから貧者を締め出しておくことによっては、世界中の貧しい人々の経済的窮状の改善は達成できません。島国根性と孤立主義を優先して、グローバリゼーションを拒絶するのは大きな誤りです。他方、グローバリゼーション自体にも、また世界の国々にも、そしてグローバル社会にも、協力して取り組まなければならない平等と公平にかかわる重要問題が存在します。最も必要なのは、経済と科学のグローバリゼーションがもたらしてくれる巨大な潜在機会を、より公平に配分することです。第二章の主題は、公平な配分についてですが、グローバリゼーションの得失をめぐる議論を、次の二点に焦点を当てながらさらに深めてみましょう。

① 貧困と貧困者の不利な立場に関する従来の公式を超えた「人間の安全保障」(ヒューマン・セキュリティ)をいかにして確保するかという問題の性質とその重要性の検証

② ヒューマン・セキュリティに関しては、実にさまざまな視点からの議論があるが、そうした議論から派生しがちな公式やスローガンによって不当に左右されることなしに、グローバルな配分の公平性を実現できる適切な公式の追求

新しい焦点――ヒューマン・セキュリティ

ヒューマン・セキュリティという概念とその広範な関連領域を理解する方法の一つは、一九九八年の「アジアの明日を創る知的対話」における小渕首相（当時）の洞察深い発言を振り返ってみることです。私は、「人間は生存を脅かされたり尊厳を冒されることなく創造的な生活を営むべき存在であると信じています」[1]。小渕首相はこう述べ、その信条との脈絡で、「人間の安全保障」（ヒューマン・セキュリティ）という概念を提示しました。ヒューマン・セキュリティは、「人間の生存、生活、尊厳を脅かすあらゆる種類の脅威を包括的に捉え、これに対する取組みを強化するという考え方」を示すキーワードである、とも言っています。留意すべきは、この発言の焦点が一般的な不平等に対してではなく、弱者の立場に置かれている世界中の人々をさらに窮地に追い込むようなあらゆる危険に対して当てられていることです。人間の生存、日常生活、そして尊厳性が脅威に晒されている人々が存在する反面、そのような脅威をまったく感じていない人々も存在するというのは、もちろん一種の不平等であり、そのような状況がグローバルな配分の不平等性にどのような意味を持つかは明白です。しかし、世界中のさまざまな人々の間に見られるヒューマン・セキュリティ欠如に関する問題と、経済の成長・拡大がもたらす恩恵の配分に見られる不均衡と不平等の問題とは区別しなければなりません。ヒューマン・セキュリティ欠如という問題は、経済成長が配分の公平に結びついている場合にも存在しうるのです。具体的な例を挙げましょう。韓国を含む東アジア経済の多くは、一九八〇年代と一九九〇年代の大半を通じて、経済成長と配分の公平を結びつけることに見事に成功し、世界中のエコノミストや経済開発の専門家たちからこぞって称賛されました。しかし一九九七年、アジア経済危機が発生すると、職を失い、利益が期待できる経済活動から締め出された人々にとっては、公平を伴った成長であってもヒューマン・セキュリティを保障するものではなかったことが、急に明白になりました。公平を伴った成長とヒューマン・セキュリティ欠如とが同時に発生する場合もありうることを示す証拠は、他にもたくさんあります。(2) 経済ブーム時にすべての人々が一緒に上昇気流に乗った場合でも、落下するときにはばらばらになり、弱い立場に置かれている人々が最も大きな打撃を蒙ることになるのです。

ヒューマン・セキュリティ不在のグローバル化

ヒューマン・セキュリティ不在に関する問題は、何らかの形で世界中の何億もの人々を脅かしています。したがって、国際社会や世界の市民連合組織などが、そうした脅威のさまざまな根源と大胆に取り組み、少なくとも脅威を減少させるか、できるなら根絶することを目指すのには十分な理由があるのです。グローバリゼーションは、さまざまな形でヒューマン・セキュリティを奪い取っている問題を克服する大きなチャンスを提供してくれています。他方、現代世界の性質が、ヒューマン・セキュリティ欠如問題を増大させている面もあります。たとえば、二〇〇一年九月十一日にニューヨーク市などで発生した同時多発テロ事件とその後の状況は、その形態と中身の両面において、ヒューマン・セキュリティを保証してくれるグローバル性の高い仕組みが不在であることを露呈しました。テロリストは、特定地域に限られた単純な地域活動家集団ではありません。彼らは、グローバルな組織を有する専門家活動集団でもあるのです。ルワンダ、コンゴ、旧ユーゴスラビアなどで見られたのは、発生した暴力が特定地域に限定されたものであっても、グローバルな抗争、騒動に発展したグローバル事件だったのです。特定の国による野蛮な行為によって発生する国境を越えた大量難民問題への対応や解決に、国連難民高等弁務官事務所が大きな貢献をしていることは、ヒューマン・セキュリティをめぐる問題がグローバルな問題である側面をよく示しています。

ヒューマン・セキュリティ問題を別の視点から見てみましょう。エイズ、新型マラリア、治療薬に抵抗性のある結核など特別な疾病が発生し拡大していることも、世界の広い地域においてヒューマン・セキュリティを脅かしています。これらの感染症は、グローバル化した世界の病気なのです。グローバリゼーションは適切な方向付けがなされれば、ヒューマン・セキュリティ不在に起因する問題の解決策を見出すのに大きく貢献できます。そしてエイズなど重大感染症が国から国へ、大陸から大陸へと急速に拡大しつつあることは、この問題と取り組むにはグローバルな対応が求められていることを物語っています。

安全不在の形態と相互依存

人間の生存を不安定化させている諸々の原因は、相互に関連し、強化し合っています。たとえば、大量虐殺や迫害の発生は、弱者の立場に置かれている人々の生活破壊をもたらし、同時に法と秩序および責任ある統治の崩壊を招きます。そしてさらには、公衆衛生、公共教育、経済・社会生活、都市設備などの社会システムの崩壊をもたらし、新たな不安をつくり出します。同様に、宗教原理主義や政治的過激主義と結びついた暴力についても、経済的な不平等や不安定という観点からだけでは説明しきれません。オサマ・ビン・ラディンの場合のように、テロリストが裕福な階級あるいは少なくとも快適な生活をしている階級の出身であることもあるのです。にもかかわらず、動員される末端のテロリストたちの不満を醸成し、彼らを残虐行為に走らせることを正当化するのに、一般的な経済的、政治的不平等やヒューマン・セキュリティ不在に起因する弱者の怒りを、テロ活動首謀者たちが利用できることを示す証拠はたくさん存在します。ヒューマン・セキュリティ問題の焦点をどこに置くかを選択するに当たっては、小渕首相が焦点を当てた「人間の生存、日常生活、および尊厳」が有益な手引きになります。生存の不安定は、最も基本的な不安定要素であり、それは洞察力の鋭い小渕首相が光を当てた他の二つの分野、すなわち、人間の「日常生活」と「尊厳」に対しても重大な脅威になります。この点は、すでに触れたように、東アジアおよび東南アジアで数十年にわたり多くの人々を苦しめてきた問題が何であるかをよく示してくれます。これらの地域の人々の日常生活は、さまざまな面で改善されてきているにもかかわらず、何百万人もの人々の生活水準を後退させる危険が、急速な高度経済発展の勝利ムードに隠されながら依然として存在し続けています。そしていわゆるアジア経済危機が発生すると、このような潜在危険がはっきりと厳しく表面に現れ、それまで誤って安全感にひたっていた人々の生活に破壊をもたらしたのでした。

日常生活の不安定化は別の形でも現れます。厳しい貧困状態が、経済不振によってではなく、学校や病院など社会システムの恒常的欠如ないしは軽視によってもたらされている場合には、その結果発生する日常生活と人間の尊厳性の不安定化は、長期にわたって社会制度を構築できなかった統治体制の欠陥と直接結びついています。この問題は、現代世界においては政治や公共政策についての議論がグローバル化していることからして、国や地域社会のリーダーたちだけではなく、国際社会のリーダーたちも率先して取り組むべき課題なのです。同じことは、民主主義および基本的参政権や市民権の欠如と結びついている政治的不安定——それは現代世界の多くの国々の特徴でもありますが——にももちろん当てはまります。

経済成長の役割

さまざまな要素の間に組み込まれている相互関係は、往々にして見逃されがちです。たとえば、①貧困克服における経済成長の役割や、②経済開発における市場メカニズムをめぐる激しい論争を考えてみてください。ついでながら、この二つの問題は、一緒に論じられて一本化されてしまうことさえありますが、さまざまな理由からしてまったく別々な問題なのです。もっとも明白な理由は、（市場だけではなく）市場とは無関係な制度や政策によっても経済成長を刺激することができ、また市場は（全体的な成長率の増大を図ることを通じてだけではなく）他の多くの方法を通じて貧困撲滅に貢献することができるためです。[3] したがってこの二つの問題を、順番に検討してみなければなりません。

まず経済成長が貧困の撲滅に果たす役割について見てみましょう。両者の間にはどのような関係があるのでしょうか。経済成長が、低所得のもたらす悪影響の範囲を縮小するのに役立つことは、絶対的に明白です。なぜならば、経済成長がもたらす富と所得の増大の分け前に、貧困者も直接あずかることができるからです。また国家の繁栄が全体として増大することは、保健や教育などを含む公共サービスの財源増大につながり、それは特に貧困層を助けることになるからでもあります。

経済成長自体を、貧困を撲滅する方法の中心に据えることへの反対論のポイントも明白です。おそらく最も基本的な点は、貧困問題には、憂慮すべき正当な理由があり、それは所得絶対水準の低さだけではないのを認めなければならないことです。低所得層に見られる飢餓、予防も治癒も可能であるはずの感染症の蔓延、幼児高死亡率など社会的弱者が強いられている経済的不安定、政治参加の自由の略奪などを含む諸々の「非自由」を、我々は認めなければなりません。経済成長によってもたらされる所得増大のうちのどれほどが貧困層にいくかというのは、貧困問題と経済成長の関係を決定する多数の要因の一つに過ぎないのです。

第二は、貧困層の経済成長への参加能力は、所得に関してもさまざまな社会的条件によって左右されることです。多くの実証的な研究結果から明らかなように、こうした社会的条件の中には教育、感染症予防対策、土地改革、小口融資制度、適切な法的保護など貧困層の立場を強化する方法や手段も含まれます[4]。

第三は、経済成長の果実が、重要な社会サービスの拡充のために自動的に活用されることにはならないかもしれないという点です。避けがたいことですが、そこには政治的なプロセスがかかわってきますし、加えて、公共サービスの優先順位は、国によって異なります。たとえば、韓国では、韓国と同様急速な経済成長を達成したブラジルに比べて、教育と保健への財源投入がより重視されました。この政策は、成長と平等をより効果的に追求するのを大いに助長することになりました。しかし韓国も、社会的安全保障の仕組みの構築を怠ったために、経済停滞によって発生する危機に対する脆弱性をそのまま残すことになりました。その結果、一九九七年に経済危機が発生した際、大きな代価を払わなければなりませんでした。経済停滞は時々発生するものであることを考えれば、「平等性のある成長」と同時に「経済停滞発生時の生活安全保障」に対しても用意をしておくべきなのです[5]。貧困と貧困層の機会喪失とを克服するには、一部の人々が主張するような経済成長と貧困層所得との間に見られる単純かつ唯一の相関関係に頼るだけにとどまらず、それ以上の試みが必要なのです。

市場と経済開発

経済開発における市場の役割についても、同様なことが言えるかもしれません。現代世界では、市場の広範な活用なしの経済繁栄は考えられません。開発と市場の間に見られる基本的相関関係を、複雑な問題が入り込む前に、まず認めなければなりません。この基本的認識の後に重要になるのは、市場メカニズムは、市場の相関関係によって形成されるさまざまな制度の中で機能するものであることを認めることです。

経済発展の要素の一部とみなされる基本的自由を拡大するには、さまざまな制度とそのような諸制度による保護とが必要です。民主主義的な経済運営、市民の権利、基本的人権、自由で開放されたメディア、基本的教育と健康管理を提供する施設、経済的セーフティ・ネット、そしてこれまでおろそかにされてきて最近ようやく注意が払われるようになった女性の自由と権利を保護する諸制度などが必要なのです。

いくつかの例を挙げてみましょう。第一に、うまく機能している市場経済では、民主主義や市民の政治的自由を不必要にすることはありません。市民の政治的自由は、人々が他人の指示を受けずに好きなように生きる自由を拡大するだけではなく、人々が自らの利益が無視されないよう要求する発言力も高めます。自由で開放されたメディアが存在し、選挙が定期的に行われる民主主義国家では飢餓が発生したことがないという事実は、こうした関係を示す基本的証拠の一つに過ぎません。東アジアや東南アジアにおいて民主主義、市民の権利、政治参加の権利などに対する要求が、一九九七年に経済危機が発生し、それが拡大するにつれていっそう強くなったことは驚くに値しません。(6) アルバート・ハーシュマンが見事に論じているように、民衆の声は問題解決への出口でもあるのです(7)。経済のグローバリゼーションと民主主義育成との間には、もちろん基本的な対立はありません。しかし、グローバルな資本主義制度は、民主主義的統治による政治対立や人権活動家たちの主張から発生する混乱状態よりは、秩序ある独裁的政治の方を好む傾向をはっきり示すことがよくあります。

第二の問題は、市場経済への参加能力が教育、保健、小口融資制度、土地改革などに関する公共政策によって大きく左右されることです。さらには、市場経済がもたらす恩恵へのあずかり方も社会の仕組みに大きく依存します。それは繁栄している国の場合でも同じです。たとえば、アメリカ国内で不利な立場に置かれているアフリカ系アメリカ人グループの貧困問題を考えてみてください。国内グループとしてのアフリカ系アメリカ人は、白人グループよりは貧しいが、開発途上諸国の人々よりは数倍も豊かであるとよく言われます。一人当たりの所得という点では、アフリカ系アメリカ人の方が開発途上国の人々より豊かであることは確かです。しかし熟年到達率となると、アフリカ系アメリカ人は中国やインドを含む大部分の開発途上諸国の人々より低いのです。それはアフリカ系アメリカ人の非自然死亡率が高いためとされているようですが、彼らの高死亡率は、このような違いがあまり意味を持たなくなる高年層においても続いています[8]。理由は、医療保険制度の欠如と関係あるかもしれませんし、また都市部における教育制度などを含む社会サービス体制の崩壊とも関係しているかもしれません。アメリカは最近まで未曾有の経済繁栄を享受したにもかかわらず、こうした問題を解決できないでいるのです。

第三は、教育訓練や雇用機会の増大を通じて女性の立場が強化されたことが、女性のみならず男性や子供を含むすべての人々の生活に大きな影響を与えていることを示す圧倒的証拠があることです。女性の立場の強化、エンパワーメントは、児童死亡率を下げ、出生時の体重不足に起因する成人の健康上の危険を低下させ、さらにはこうした問題に関する公共の議論の範囲と有効性を拡大する結果をもたらしています。女性のエンパワーメントは、経済成長に勝る出生率緩和効果があることを示しています[9]。それはバングラデシュで出生率が二十年たらずで半減したことからも明らかです。インドでも、ある地域では出生率が非常に高いものの、男女平等が進んでいる地域の出生率は、すでに英米より低くなっています。性差別撤廃とそれを進める社会制度がもたらす影響力とその範囲は、驚くほど大きいのです。

グローバルな不平等の性質

平等と安全に関する問題のさまざまな側面の相互依存の度合いと、その範囲の広さを認識することはきわめて重要です。次に、精査を要するもう一つの問題に話を進めましょう。それは現代世界が直面しているグローバルな不平等がもたらす問題の性質についてであり、第一章の後半で提起した問題でもあります。

グローバリゼーションに抗議する反対派の議論においても、またグローバリゼーション支持派の議論においても等しく目立つ富の分配をめぐる問題については、何が問題であるかを明確にする必要があります。配分の不平等をめぐる問題は、焦点が明確でないために、犠牲になってきたように思われます。たとえば、グローバリゼーションは富める者をいっそう豊かにし、貧しい者をいっそう貧しくするとよく論じられますが、そのような結果になる場合でも、実際にすべてが画一的にそうなるわけでは決してありません。経済繁栄についてどのような指標をとるかによって、事態は大きく変わり、そこから出てくる答えも決して一様ではありません。グローバリゼーション反対の論拠を、単純に一枚の薄氷の上に置くことは、グローバリゼーション批判の論拠をきわめて危うくしてしまいます。

他方、グローバリゼーション弁護派は、貧しい人々は商品の交易や交換に参加することによって、さらに貧しくなることはない、むしろ豊かになっているという信念を論拠にしているようです。それゆえ弁護派は、グローバリゼーションは貧困者に対して決して不公平ではなく、貧困者にも恩恵をもたらしていると主張します。グローバリゼーションをめぐる問題の核心が、貧者にも恩恵をもたらすか否かということになれば、それは主として実証的論争の中で、いずれが正しいかが決められることになります。しかしそれは我々が傾注すべき問題なのでしょうか。また、そのようなことをめぐって論争することが、そもそも正しいのでしょうか。

グローバル正義と恩恵の配分

グローバリゼーションが貧者にも恩恵をもたらすか否かを論ずるのは、正しい論争ではない、と私は主張したいのです。貧者が少しだけ豊かになったとしても、それは彼らが経済相互関係の深化・拡大の恩典の公正な分け前やグローバリゼーションがもたらす他の巨大な恩典にあずかっていることを意味するものではありません。また、国際的不公平がほんのわずかだけ増大したとか減少したとかを問うだけでは、十分ではありません。現代世界を特徴づけている驚くべき貧困と不公平に対決するには、あるいはグローバルな協力活動の成果の不公平な配分に抗議するには、巨大な不平等や配分の不公平がほんの少しだけ増大したことなどを示す必要はありません。

中心問題が周辺的問題をめぐる議論の激化によって、往々にしてぼやかされてしまいますが、グローバリゼーションの賛否をめぐる論争では、両陣営とも中心問題の枝葉末節化を助長してしまっているようです。グローバルな協力が利益をもたらすときには、富者にとっても貧者にとっても、協力不在の場合に比べて、得られる利益の配分方法の選択肢が増えるはずです。したがって、利益の配分が公平であるか否か、あるいは配分方法が受け入れられるものであるか否かを問うことが必要です。すべての人々のための何らかの利益が果たして存在するか否かを問うだけでは、不十分なのです。数学者でゲーム理論家として知られるJ・F・ナッシュは、半世紀以上前の一九五〇年に『エコノメトリカ』誌に発表した論文――ノーベル経済学賞受賞理由の一つになった論文――の中で、中心問題は、ある配分方式がグローバルな協力がまったく不在の場合に比して、すべての人々にとってよりましな方式であるか否かということではない、その配分方式が利益のより公平な配分方式であるか否かである、と論じています。[10] グローバルな協力が生み出す利益を配分する仕組みが不公平だという批判に対しては、協力に参画したすべての関係者が、協力がなかった場合に比べれば誰もがより裕福になったと指摘するだけでは反論できません。考えられうる配分の仕組みが多数存在し、そのいずれを選ぶかということが真の問題なのです。

家族の場合に当てはめると

問題のポイントを家族の場合に当てはめて説明してみましょう。家族の構成や仕組みが不平等で性差別主義的で不公正だと論ずるには、女性にとっては家族がなかった方がより恵まれた状況であったろうなどということを示す必要はありません。家族システムの恩恵の配分には、既存の仕組みでは平等性の点で重大な問題があるということを示すだけで十分なのです。グローバリゼーションをめぐる議論の多くは、貧困者も既存のグローバル経済秩序の恩恵にあずかっているか否かという点にだけ集中し、しかもそれを不適切な方法で検証しようとしているようですが、それは究極的には間違った問いなのです。問うべきは、グローバリゼーションによって女性が経済的、社会的、政治的機会のより公平な分け前にあずかれるようになれるか否かであり、真の問題はそこにあるのです。

男女間の正義に関する問題が、最近数十年間にはっきり認められるようになる前にも、家族の内部枠組みにおける女性の不公平な地位については論じられてきました。そしてもし家族の枠組みが不公平だと思うのであれば、女性は家族と同居する必要などないとか、あるいは逆に家族の枠組みの恩恵は男性だけではなく女性も受けていることを指摘し、問題を一蹴してしまうことがなかったわけではありません。そのような議論は偽の議論であり、問題の核心は、まったく別なことなのです。すなわち、家族として生活することから男性も女性もともに恩恵を受けていることを認めた場合でも、恩恵の配分が公平か否かという問題が残るのです。さまざまな家族構成の枠組みは、男性に対しても女性に対しても、家族システムがなかった場合に比べてより有益になる条件を満たしています。問題は、それぞれの家族構成の枠組みと結びついている恩恵の配分に関することであり、それぞれの配分方法が公平か不公平かということです。

グローバリゼーションの枠組みに関してそれが公正なものか否かの判断を下す場合にも、まったく同じ問題があります。したがって、グローバル・システムが不公正だとする主張に対しては、グローバルな接触の増大が貧困層にも何らかの形で利益をもたらしており、貧困層のさらなる貧困化には必ずしもつながらない、ということを示すだけでは反駁できません。グローバリゼーションによって貧困層も豊かになっていると見ることも、間違っているかもしれません。しかし問題の核心は、貧困層がわずかでも豊かになっているかどうかということでもなければ、グローバリゼーションからしめ出されていた場合と比べて恵まれた状態にあるかどうかということでもありません。グローバリゼーションに抗議する人々の多くが、世界経済システムの中で負け犬になった人々のためのよりましな条件を求めてグローバリゼーションに反対しているのは、彼らの言葉とは裏腹に、グローバリゼーション自体に対してではないのです。彼らの要求は、グローバリゼーションによってもたらされる果実と機会のより公平で公正な配分なのです。したがって、反グローバリゼーション派の人々による抗議運動が、現代世界で最もグローバル化した現象になっている現実には、真の矛盾はないのです。

グローバル枠組みの変化

以上から次の問題が導かれることになります。グローバル化した経済的、社会的関係から創出される恩恵の配分方法を、グローバルな関係、特にグローバル市場経済を壊さずに変更できるかという問題です。この設問に対する解答は、まったく肯定的である、と私は主張します。市場経済を活用することは、さまざまな所有形態、資源供給力、社会的機会、特許法や独占禁止法の運営ルールなどと両立します。そして、それらの条件いかんによって異なった価格、交易条件、所得配分などが決まり、全体として異なる結果が創出されることになります。また、社会安全保障の仕組みや公共政策への介入の仕組みなどによっても、市場経済プロセスの結果をさらに修正することができます。こうしたことすべてによって、不公平や貧困の現状レベルを大きく変えることができるのです。

したがって主たる問題は、市場経済を活用するか否かではありませんし、またありえません。市場経済を活用すべきか否かという浅はかな質問に答えるのは簡単です。市場関係が提供してくれる交易の機会や生産の専門化などを広く利用することなしに、経済繁栄を達成するのは困難だからです。情報の偏在や不完全性のために、市場経済がうまく機能しないようなことがかなりあるにしても——公共政策の策定にはこれを考慮に入れなければなりませんが——経済発展の機関車としての市場の制度や仕組みを廃止してしまうわけにはいかないのです[11]。

しかし、市場経済制度の不可欠性を認めることは、グローバル化した市場関係についての議論に終止符を打つことには決してなりません。それどころか、むしろ議論はそこから出発するのです。グローバル化した経済関係の中では、市場経済は単独では機能できません。単独の機能という点では、グローバルな関係の中のみならず、国内関係においてさえ不可能です。それは、市場経済を内包するシステム総体が物的資源の配分方法、人的資源の開発方法、ビジネス関係のあり方、社会保障の仕組み等々、弱者の立場を強化する諸条件によってはっきりと違う結果がもたらされることを示しています。そしてさらには、そのような諸条件自体も、国内的、国際的に機能している経済的、社会的、政治的な制度によって大きく左右されます。実証的研究が十分明らかにしているように、市場経済がもたらす結果は、教育、公衆衛生、土地改革、小口融資制度、弱者に対する法的保護制度などの分野でどのような公共政策がとられるかによって大きく異なります。またそれぞれいずれの分野においても、地域経済やグローバルな経済関係のもたらす結果を公共政策によって修正できることが多くあります。そして、グローバルなレベルでの不平等を小さくし、ヒューマン・セキュリティを高めていく道は、このような方向の中に求めるべきなのであります。

制度と不平等

グローバリゼーションがもたらす恩典はたくさんあります。しかし我々は、グローバリゼーション弁護論を主張する場合でも、反対派が提起する問題の正当性を、矛盾を感ずることなしに認めなくてはなりません。グローバリゼーション反対論者の方程式は、往々にして主たる問題の所在についての誤まった判断を反映していることがあります（主たる問題は、グローバリゼーション自体にあるのではありません）。しかし、反対派が提起する問題の倫理的側面や人間性にかかわる側面は、現代世界を特徴づけており、グローバル化した経済・社会関係を形成する国内制度やグローバル制度の適正さについて重大な見直しを求めているのです。

グローバリゼーションに抗議する人々の声は必要です。グローバル資本主義の典型的特徴は、民主主義の確立、初等教育の拡充、弱者の社会的機会の拡大などよりは、むしろ市場が機能する領域の拡大を求めることにあります。そして市場のグローバル化だけでは、世界全体の繁栄を求めるアプローチとしてはきわめて不十分であるため、グローバル資本主義は、優先関心領域を超えた領域へ踏み込んでいくことが必要になりつつあります。

それ以上に、ジョージ・ソロスが指摘しているように、国際ビジネス社会のより強い関心は、民主主義体制が未整備な社会に対してよりも、社会の秩序と組織化度合いが高い独裁的社会の方へ傾斜し、その結果、平等性の高い経済発展が後退します[12]。加えて多国籍企業は、安定性の低い第三世界諸国の公共支出政策に対する影響力も行使できます。そしてその影響力は、社会的弱者の識字率向上策や医療サービス改善策などよりは、管理職者など恵まれた労働層の安全と便宜を高めることを優先する方向へ行使されがちです。もちろんこのような傾向が、望ましい経済発展を妨げる克服しがたい障害をもたらすとはかぎりません。重要なのは、克服しがたいような障害の克服を確実ならしめることです。

制度の欠陥と修正

今日の世界に見られる不公正は、克服すべき重要な欠陥、特に制度上の欠陥と密接に結びついています。この点においてグローバル政策の役割が求められます。たとえば民主主義を支援し、弱者のための教育制度や医療制度の確立を目指すグローバル政策が必要です。同時に、グローバルな制度や機構が適正かどうかを点検する必要もあります。グローバル経済がもたらす恩恵の公正な配分は、貿易協定、特許法、医療制度、教育交流、技術移転、環境規制などのための制度・施設、無責任な過去の軍事政権によって不当に処理された累積債務の公正な取り扱いなどにいたるまで、さまざまな分野にわたるグローバルな制度や仕組みの構築に大きくかかっています。他方、改めなくてはならないこれら多くの欠陥に加え、より基本的なグローバル正義の実現のために取り組まなくてはならない既存のグローバルな規定や約束事をめぐる重要問題があります。それは貧困国の輸出を抑制する結果をもたらしている非効率で不公平な貿易規制だけではなく、エイズなどのような感染症の治療に欠かせない医薬品の使用を制限している特許法なども含みます。そうした問題自体も、最近ようやく議論されるようになりましたが、それぞれがすべて、貧困層やヒューマン・セキュリティのない階層にグローバリゼーションの恩恵をもたらすのを妨害しているシステムに入り込んでしまっている、という点に注目すべきです。

貧困層の惨めな状態をつくり出し、貧困が恒久化する原因となっているもう一つの既存グローバル・システムの問題は、大国によるグローバルな規模での武器輸出です。それはグローバルな対策の緊急の必要性がある分野の一つです。この緊急性は、現在、特に関心が集中しているテロ活動阻止にまで及ばなければなりません。局地的な戦争や軍事抗争は、貧困国における経済発展の見通しに破壊的打撃を与え、地域的な緊張を高めるのみならず、グローバルな武器取引を活気づけます。世界の既得権勢力は、武器輸出ビジネスに深くかかわっています。国連安保理事会常任五カ国の武器輸出総額は、一九九六〜二〇〇〇年における世界全体の武器輸出の八一パーセントを占めています。グローバリゼーションに抗議行動をする人々の無責任さに対して強い不満と失望を表明する世界のリーダーたちは、武器輸出というおぞましいビジネスで大もうけをしている国々の指導者でもあるのです。同じ一九九六〜二〇〇〇年の先進主要八カ国（G8）による武器輸出は、世界全体の八七パーセントを占めています。特に、米国による武器輸出は、世界の五〇パーセントに達し、しかもその六八パーセントは開発途上国向けの輸出です。この恐ろしい武器輸出は、武力抗争を醸成するにとどまらず、途上国社会の経済、政治形態および社会一般に恐ろしい間接的影響をもたらしがちです。武器商人は、貧困国の政府に破壊手段を購入させるために、不正な裏取引を盛んにやるような人々です。そして世界の既存勢力は、このような状態の継続を助長する重要な役割を果たしています。それは冷戦がアフリカをめぐって展開された一九六〇年代から一九八〇年代に、アフリカに軍事政権を生み、軍事支配を開花させた大国の不健全な役割の延長であった、と見ることもできましょう。

モブツやサヴィンビらのような軍事独裁者たちが、アフリカ諸国内の社会的、政治的機構を破壊し、最終的には経済秩序まで破壊してしまうにいたったのは、彼らが米ソいずれかを選びそれぞれの支援を頼ることができたからでした。したがって大国は、アフリカにおける民主主義の転覆を助長した大きな責任があるのです。また、アフリカ諸国に武器を押しつけ続けたことは、アフリカだけではなくその他の地域においても、武力抗争をエスカレートさせる役割を果たし続けることにもなりました。小火器の不法輸出を大国が協力して取り締まるべきだとするコフィ・アナン(元)国連事務総長の提案にアメリカが同意しなかったことは、問題の難しさを物語っています。

結語

この辺でこの講演の結論に入りたいと思います。グローバリゼーション現象を評価するに当たっては、この問題をめぐる議論で提起されている諸問題を超えた領域にまで踏み込まなければなりません。第一章においては、グローバリゼーションを西洋化と混同することが歴史的に見て誤りであるだけではなく、グローバリゼーションがさまざまな形でもたらす恩恵から我々の目をそらせることになることを論じました。グローバリゼーションは、決して新しい現象ではない点についても論じました。またそれは、過去において恩恵が全世界に及ぶような機会をもたらしてくれ、今もそうあり続けています。問題は、そのような機会をどのようにすれば公正かつ平等に配分できるかということです。それが第二章の主要テーマでした。グローバリゼーションがもたらしてくれる恩恵を配分する仕組みが公正かどうかを評価するには、貧困層もその分け前にあずかっているかどうかという問題に集中するだけでは決して十分ではありません。貧困層も分け前にあずかることができる条件は、実に多くの配分方法で満たすことができますが、その大部分はまったく公正を欠いたものです。家族とともに生活することから男性だけではなく女性も恩恵を受けているという理由から、家族内に性差別が存在しないと診断することはできません。同様に、グローバリゼーションの恩恵には、貧困層もわずかながらでもあずかっているから貧困層のさらなる貧困化をもたらしてはいないと論ずることでは、グローバリゼーションの不公正をしりぞけることはできません。我々が問うべきは、グローバリゼーションの恩恵が容認可能な公正さで貧困層にも分配されているかどうかという問題、J・F・ナッシュのいう「交渉問題」(the bargaining problem)なのです。

そしてさらには、グローバリゼーションがもたらす機会の貧困層へのより公正な配分を、グローバルな制度を変えることによって保障するか否かという問題なのです。我々は地球コミュニティの貧困層の利益に特別な注意を払わなくてはならず、特に弱者の立場にある人々が、さまざまな相関関係が結びついた結果、ヒューマン・セキュリティのない状態に置かれている状況に注目しなければなりません。

以上、グローバル化した社会が取り組まなくてはならない政策上の多くの問題と、グローバリゼーションの恩恵の配分をより公正ならしめるのに必要な国際的な制度や仕組みの改革必要性を明らかにする試みをしたつもりです。弱者の立場にある人々や不安定な立場に置かれている人々の窮状については、さまざまな面から対応しなければなりません。そうした改革のために必要なのは、国際レベルでの行動であることもあれば、教育や医療サービスなどに関する国内政策に関することである場合もあります。さらには、武器輸出を抑制するための取り決めなどグローバルな範囲に及ぶ場合もあります。そして必要な政策の有効性を分析するには、ヒューマン・セキュリティという概念の最重要性に焦点を当てなければなりません。それは我々に課せられた重大なチャレンジであると同時に、人類の未来に明るい展望も与えてくれるのです。

注

（1）小渕恵三首相（当時）の発言、*The Asian Crisis and Human Security* (Tokyo: Japan Center for International Exchange, 1999), pp. 18–19.

（2）この点については、Amartya Sen, *Development as Freedom* (New York: Knopf, 1999)〔石塚雅彦訳『自由と経済開発』日本経済新聞社、二〇〇〇年〕を参照。

（3）後者については、飢餓救済における市場の役割の中によく示されている。Amartya Sen and Jean Drèze, *Hunger and Public Action* (Oxford: Clarendon Press, 1989) を参照。

（4）これらの手段は、ジェームズ・ウォルフェンソン元世銀総裁のいう「綜合開発枠組み」の構成要素と見ることができる。

（5）こうした相互関係は、前掲 *Development as Freedom* でより詳しく論じられている。

（6）この点については、Amartya Sen, *Resources, Values and Development* (Cambridge, MA: Harvard University Press, 1984) および前掲 *Hunger and Public Action* を参照。

（7）Albert Hirschman, *Exit, Voice, and Loyalty* (Cambridge, MA: Harvard University Press, 1970)〔矢野修一訳『離脱・発言・忠誠』ミネルヴァ書房、二〇〇五年〕。

（8）これらの比較については、前掲 *Development as Freedom* および同書に引用されている文献を参照。

（9） 前掲 *Development as Freedom* の8章および9章を参照。

（10） J. F. Nash, "The Bargaining Problem," *Econometrica*, 18 (1950).

（11） これらの問題は、George Akerlof, "The Market for 'Lemons': Quality Uncertainty and the Market Mechanism," *The Quarterly Journal of Economics*, 84 (1970); Michael Spence, "Job Market Signalling," *The Quarterly Journal of Economics*, 87 (1973) および Joseph Stiglitz, "Information and Economic Analysis: A Perspective," *The Economic Journal*, 95 (1985) で力説されている。

（12） George Soros, *Open Society: Reforming Global Capitalism* (New York: Public Affairs, 2000)〔山田侑平・藤井清美訳『ソロスの資本主義改革論』日本経済新聞社、二〇〇一年〕。

第三章

文明は衝突するのか——問いを問い直す

本稿は、著者が二〇〇二年二月十九日、東京大学から名誉博士称号を授与された際に行った記念講演を佐藤仁・同大学院新領域創成科学研究科助教授（当時）が訳出し、東京大学広報委員会『学内広報』誌（一二三八号）に掲載されたものを、同委員会の許可を得て本書第三章として収録したものである。

このようにすばらしい形で東京大学の仲間入りをする機会が与えられたことを大変光栄に感じ、また感謝いたします。東京大学との学問的な関係は、これからの私にとってもかけがえのないものになるでしょう。

講演の主題として私が選んだのは、今日世界で起こっているとされる「文明の衝突」についてです。この主題は、サミュエル・ハンチントンのよくできた著名な本が出版されてから広く議論されてきました。(1) 九月十一日の恐ろしい出来事は、すさまじい紛争と不信の渦巻く世界へと私たちを先導することになっただけでなく、いわゆる「文明の衝突」への関心を大きくしました。事実、多くの有力な論評者たちは、（特に、ハンチントンが示したような文化や宗教を基準にした）概念的な区分と、今日の世界各地でみられる残虐行為との間には確固とした連関があるかのように見がちでした。

たしかに、そこには何らかの関連があるのかもしれませんが、それが正確になんであるかを精査し、吟味する必要があるでしょう。また、文明間の衝突という特定のイデオロギーに基づいた世界観それ自体が、世界での物理的な対立や暴力的な事件を煽ることになってはいないか、と問わなくてはなりません。私はこの講演で、「文明は衝突するのか」という問いが間違った方向の研究をはじめる契機をつくり、それを助長する作用があると主張するつもりです。その問いは、人類がはっきりとした形で個別に分類できるという、ほとんど分析されておらず、また十分に擁護されてもいない前提に立脚しているからです。この問いに対して私たちがどう答えようと、つまり、文明が衝突するという理論に賛成だろうが反対だろうが、この問い方を認めたまま答えようとしてしまうと、世界の人々に対する非常に誤った認識を自動的に支持することになってしまいます。というのも、人々の分類には他にもさまざまな方法があり、文明に基づく分類が他のものよりもアプリオリに上位にあるとか、優先されるとは限らないからです。

複数性（pluralities）、優先順位、そして意思決定

今日の世界に潜在する紛争の主要な源は、すでに述べたような、文明に基づいて人々を手際よく分類できるという前提にあると私は主張したいのです。さらに、このシステムこそ今日の世界で人類を分類する唯一のものであるという前提も、紛争の源の一つであるといえましょう。文化、宗教、文明などの基準に基づいた特異な分類の持つ圧倒的な力を暗に信じ込むことは、世界の紛争の火種をかえって増やすことになります。特定の区分だけを重んじて人々を分割しようとする発想は、近頃「浅はかな考え」として笑いものにされることの多い「人類みな平等」という古い言い回しに反するだけではありません。むしろ、あまり議論されていないのですが、「人間は多様で異なっている」という、より的を射た理解とも対立してしまうので

す。世界の調和にむけた最も大きな希望は、たった一つの排他的な分割の境界線が作り出す明確な区分とは反対に、互いに越境するわれわれのアイデンティティの複数性にあると論じたいのです。対立が、たった一つの支配的な分類に集約されてしまうと、私たちが共有する人間性は野蛮な挑戦を受けることになります。この世界を作っているのは、複数性をもつ多様な分類であるにもかかわらず、上のような一つの分類だけに頼ることは人々の間の溝をかえって深いものにするだけです。

私たちは普段の生活の中で、さまざまな集団に属していることを自覚しています。それらすべてに属しているのです。同じ人物が、アメリカ人で、ハワイ出身で、日系で、キリスト教徒で、共和党支持者で、女性で、菜食主義者で、長距離ランナーで、歴史家で、教師で、異性愛者で、ゲイ／レズビアンの権利の擁護者で、詩人で、バードウォッチャーで、環境保護の活動家で、テニスのファンで、ジャズを好み、宇宙人がすばらしい乗り物にのって定期的に地球を訪れることを深く信じている人であることはありえるのです。

これら一つ一つの集団のすべてに同時に所属していることが、その人に特定の、しかし、どの一つにも限定できないアイデンティティを与えています。どの集団をとってみても、その人のただ一つのアイデンティティにはならないし、唯一の所属分類になるわけでもありません。一つ一つの集団がもつ相対的な重要性は、そのときの文脈に応じて変わってきます。例えば、ディナーに出かけるときには、菜食主義者であることの方が、歴史家としてのアイデンティティや詩人としてのアイデンティティよりも重要になります。とはいえ、ある人のもつ複数のアイデンティティが互いに競合してしまう場面も多いでしょう。例えば、環境問題に関するデモ行進に行かなくてはいけない日と、面白そうなテニスの試合がある日が重なってしまったときに、環境活動家である自分とテニス愛好者としての自分に対する相対的重要度を決めなくてはならないかもしれません。人の注目や忠誠心を集めようと互いに競争しあう複数の要求にどう対処するかは、その人が決めなくてはいけないことなのです。そして、その決定は、文脈から独立した不変な分類に基づいて決まるのではなく、文脈に依存して決められることです。これと同じくらい重要なことですが、アイデンティティというものは（コミュニタリアニズムを支持する哲学者たちがよく主張するように）「見出す」だけのものではありません。それは選択の問題でもあるのです。

諸制約と他者のまなざし

アイデンティティとは、それを「見出す」かどうかの問題である、と繰り返し言及されるのは、選択の幅がその実現可能性によって制約されているからであると言えるでしょう。制約はしばしば、とてもきつく効いてきます。実現可能性は、もちろん特定の状況に依存します。とくに、自分たちは、他人がそう思っているような人間ではないと他者をどこまで説得できるか、ということになると特に厳しい制約に直面しなくてはいけないでしょう。ナチス・ドイツにおけるユダヤ人や、アメリカ合衆国南部の暴力集団に直面したアフリカ系アメリカ人の場合、他人が自分につけたアイデンティティとは異なるアイデンティティを選択するのは容易ではありませんでした。他者の視線のなかで、自らのアイデンティティを選択する自由はときに非常に限られています。この点は議論の余地がありません。

私たちは、他者が自分たちをどう見ているのかをしっかりと自覚できていないことも時々あります。他者の見方は、自己意識とは異なるかもしれません。何年も前のことですが、私がケンブリッジ大学の学部生だった頃に、偉大な経済学の教授でジョーン・ロビンソンという先生がいました。議論が白熱した授業の最中に、彼女が私に言うには「日本人は礼儀正しすぎる。あなた方インド人は無礼に過ぎる。中国人がちょうどよい」と。私はこの一般化をすんなり受け容れました。他にできたことといえば、インド人がなぜ無礼になる傾向にあるのかを示す証拠を出すことくらいだったでしょう。しかし、そのとき分かったのは、私が何をしようとそのイメージはすぐには変わらないし、少なくとも先生の心の中では簡単には変わらないということでした(ちなみに、ジョーン・ロビンソンはインド人に好意的な人であり、無礼な人が多いとは思ったようですが、それ以外の点ではまったく問題がないと考えていたようです)。

これまで取り上げたものとはタイプが非常に異なるのですが、私たちが自らのアイデンティティを再定義しようとするときに避けることのできない制約の例を、もう一つあげましょう。これは一九二〇年代のイタリアの古い話ですが、興味深い道徳的寓意を含んでいます。話は、ファシスト党の政治リクルーターが農村の社会主義者を説得して、自分の党に引き込もうとするという話です。

「ファシスト党に入るなんて、そんなこと、どうしてできましょう」、と農村社会主義者は答えました。そして、「私の父は社会主義者でした。祖父も社会主義者でした。だから私がファシスト党に入るわけにはいかないのです」と答えました。

「それは何という論理でしょう」、田舎男のナイーブさに憤慨したファシスト党のリクルーターは言います。そして、「あなたの父親が人殺しで、あなたの祖父までが人殺しであったとしたら、あなたはどうしたのですか」と問います。「ああ、そうならば」と田舎男は答えます。「ならば、もちろんとっくにファシスト党に入っていましたよ」（笑）。他者が人を見る目を変えさせるというのは、本当に難しいのです。

もっと一般的にいえば、私たちがそう自覚しているものをアイデンティティとするにしても、あるいは、他人の自分たちに対する見方を採用するにしても、特定の制約の中で選択をしなくてはならないことに変わりはありません。しかしこれは、驚くべきことではありません。どのような状況下でも選択をするというのはそういうものです。選択理論の専門家であれば誰でも知っていることですが、あらゆる種類の選択は、常に特定の制約の下で行われます。これは、選択という行為の最も基本的な側面であるといえるかもしれません。例えば、経済学の初学者なら全員学ばなくてはいけないことですが、消費者選択の理論では、予算というものがあり、それが消費者の支出能力に縛りをかけています。もっとも、予算制約が存在することは、選択できる余地がないことを意味するものではありません。制約の「枠の中」で選択をしなくてはいけないというだけのことです。初級経済学に当てはまることは、より複雑な政治的、社会的決定にも当てはまります。誰が見てもユダヤ人、誰が見てもアフリカ系アメリカ人、あるいは今日の騒乱の文脈でいえば、アラブ人、もしくはイスラム教徒としか見えないような人でも、その人々が同時に属している他のカテゴリーに照らして、当該のアイデンティティをどこまで重視するべきか、決めなくてはならないのです。

文明に基づく分類

優劣つけがたい数多くの分類方法で人々を区分することは可能です。そして、どの区分をとるかは、国籍、居住場所、階層、職業、言語、政治、その他もろもろの側面で、私たちの生活にとても重要な意味をもっています。宗教による分類は、近年とくに広く流布しているものですが、だからといって、それが他の区分を消してしまうと考えることはできません。ましてや、それが地球上の人々を分類する唯一適切な方法であるわけでもありません。アイデンティティは複数あること、そして、そのうちのどれを強調し、優先しようと、自己認識の選択権は私たち自身にあるということが重要です。最近、支持されている「文明による」分類は、そうとは分からない形で、この点を見過ごしています。文明に基づく分類は、しばしば宗教的な区分に沿って、あるいは、それと密接に結びついてきました。サミュエル・ハンチントンが、著書の中でいわゆる「文明に基づく」分類をするときは、西欧文明と「イスラム文明」「ヒンドゥー文明」「仏教文明」などを比べるという、まさに、宗教に基づく形になっています。そこでは「中華」や「日本」といった雑種的な文明の分類も含まれているのですが、宗教的な違いに由来するとされる争いの舞台は、宗教と文化によって形づくられた支配的で強固な一つの区分に基づく機械的世界観で説明されています。

すべての人々を一律に、「イスラム世界」「キリスト教世界」「ヒンドゥー世界」「仏教世界」などに分けることで、人々の間に垣根が作られ、それが人々を堅固な箱の中にしっかりと閉じ込めてしまうのです。人々の差異を見るときの唯一優れた見方であるとされるこの基準によって、他の仕切り方、例えば、貧者と富者、階級や職業による区別、支持政党による区別、国籍や居住場所による区別、言語グループによる区別などは、すべて隠されてしまいます。

さらに、この分類の粗雑さは、ハンチントンやその他の同じ考えをもつ人々に、「西欧文明」こそ世界で唯一、政治的な寛容さをもたらす源であると考えさせる方向性を備えています。寛容に注目することは、最近のヨーロッパの歴史（特に十八世紀以降）の中でも力強い側面であることは確かで、西欧がなしえたことから世界が学ぶべきことが多いのは確かです。しかし、「文明の衝突」を擁護する人々は、人々を分け隔てる文明の一本線が唯一の重みをもつと信じ込むのと同じように、寛容が西欧文明の歴史を永遠にさかのぼることのできる、特別の特徴であるかのように見ます。これは歴史的事実に反しています。ハンチントンは主張します。「西洋は近代化する以前から西洋であった」と。もちろん、これは度を過ぎた単純化でありますが、この点には後ほど戻りたいと思います。

「唯一である」という扇動的な主張

「文明の衝突」論の最も基本的な弱点は、たった一つの、他を圧倒するとされる分類によって世界の人々を区分してしまう仕組みにあります。つまり、この議論は、私たちが文明は衝突しなくてはいけないのかどうかを問うずっと以前の段階から間違っているのです。「文明は衝突するのか」という問いの形に沿ってしまうと、それにどう答えようとしても、狭く、恣意的で、誤解の多い方法で世界の人々を考えるよう追いやられてしまうのです。そして、この問いは、人を困惑させる力が大きいため、その理論を支持したい人だけでなく、それに反論したい人までが罠にかかり、あらかじめ特定された枠組みの中でしか答えられないように仕向けてしまうのです。「イスラム世界」や「ヒンドゥー世界」、あるいは「キリスト教世界」について話すという時点で、すでに一つの次元に人々を押し込めていることになります。「西側世界は、イスラム世界と戦っているわけではない」とハンチントンに反論を唱える人々の多くでさえ、事実上、知らず知らず同じような狭い区分を共有するようになってしまいます。その区分法だけを重要なものとして受け容れてしまうことで、「衝突」の理論に疑問を呈し、反論していた人々さえ、「文明の衝突」という主張に貢献することになってしまうのです。世界を文明の小箱に分けるというお粗末な世界観は、文明の調和を説く人にも、文明は衝突していると見る人にも同じように共有されているのです。

一つの区分法だけを信じ込むことは、状況の記述として深刻に間違っているだけでなく、潜在的には、倫理的そして政治的に危険です。人々は、自分たちをさまざまに認識しているのです。バングラデシュ人のイスラム教徒は、単にイスラム教徒であるだけではなく、ベンガル文学を誇りに思うベンガル人かつバングラデシュ人であることは十分ありえます。パキスタンからのバングラデシュの分離は、宗教上の理由で促されたわけではなく、言語、文学、政治の方が効いています。ネパールのヒンドゥー教徒であれば、その人は単にヒンドゥー教徒であるだけではなく、政治的にも、民族的にも固有の特徴を兼ね備えているでしょう。そのことが、ネパールをして、インドとは異なる世界で唯一の公式のヒンドゥー国家に仕立てているのです。貧困であることも、さまざまな境界線を超えた連帯をもたらす大いなる源泉になることができます。俗に「反グローバリゼーション」派と呼ばれる運動家たち(これは期せずして世界で最もグローバル化している運動なのです)が強調している線引きは、世界経済の落ちこぼれを連帯させることを試みています。彼らの提唱する線引きは、宗教や国境、あるいは「文明」による区分を超越するものです。複数のカテゴリーを認めることで、硬直的な分離や、それが促す扇動的な側面に反対することになっているのです。

実際、人を憎むというのは簡単ではありません。オグデン・ナッシュの詩は、この点を見事に表現しています。「学校の子供なら誰だって夢中で人を好きになれるけど、憎むとなれば、それは技を要するものだよ」。しかし、憎むという技術は、熟練した芸術家や扇動者の手によって発達してきたもので、そこでは唯一の限定された好戦的なアイデンティティを相手に付与するという武器が選ばれることが多いのです。私たちは、唐突に、自分たちが自らそう認識しているような存在ではないということ、かなり異なったものであることを知らされるのです。私たちは、自分たちに敵対的な他のグループに戦いを挑まなくてはならない人々の一員にされるのです。私たちは、例えば、ユーゴスラビア人ではなく、実はスラブ人であることを強い調子で告げられます。「私とあなたはアルバニア人が嫌いだ」と教え込まれるのです。あるいは、実はルワンダ人ではなく、フツ族であると。だから、「ツチ族は嫌いである」と。インドが分割される以前の血なまぐさい一九四〇年代を生きた年配の人であれば、それまで広くインド人や南アジア人、あるいは単に人間としてのアイデンティティをもっていた人が、突如として、単なるヒンドゥー教徒やイスラム教徒、あるいは単なるシーク派にとって代わり、「向こう側」の相手に激しく立ち向かわなくてはならなくなった身震いするような出来事を忘れる人はいません。憎しみを作り出す技術は、たった一つの支配的で好戦的なアイデンティティのもつ魔術的な力を呼び起こすという形をとります。それは、他の所属や関係だけでなく、普段であれば自然に備えているような人間としてのやさしさや共感のあらゆるものを飲み込んでしまうのです。それが結果としてもたらすものは、素朴で剝き出しの暴力か、グローバルに行われる手の込んだテロリズムと蛮行でしかないのです。

歴史の無知

いわゆる文明を基準にした分類は、道徳や政治的な側面から破壊的であるだけでなく、認識論上の中身も非常に疑わしいものです。世界の人々をたった一つの排他的な基準に特化して区分けしてしまうので、多くの重要なことが捨象されてしまっているのです。例えば、ハンチントンのいう「文明の衝突」の説明ではインドは「ヒンドゥー文明」として記述されてしまいますが、実は、インドはインドネシアとパキスタンを除いて、世界のどこより多くのムスリム人口を抱えているという事実が見えなくなります。「イスラム世界」という恣意的な定義のなかに、インドをいれることはできるのかもしれませんし、できないのかもしれません。しかし、イギリスとフランスの総人口を足したものよりも大きな一億二千五百万人（当時）のイスラム教徒がいるインドは、俗に「イスラム世界」と呼ばれるほとんどの国よりもずっと多いイスラム教徒を抱えているというのが変わらぬ事実なのです。同時に、「インド文明」を考える上で、歴史上、イスラム教徒が果たした大きな役割を無視することはできません。宗教上のコミュニティの障壁を超えた広範な相互作用を見なくては、インドの芸術や文学、音楽や食文化というものの本質と影響の範囲を理解することはできません(2)。

多くのインド人は、インドが世俗的国家であることに誇りを持っています。インドの世俗主義を覆そうとする政治的集団もあるのですが、インドの世俗的憲法と非宗教性を支持する大多数の国民によって、これらの動きは少なくとも今の段階では抑え込まれています。ここで、インドの歴史上もっとも力強くまた雄弁に非宗教的な国家の必要性を唱えたのが、四百年前のムガール帝国のムスリム皇帝アクバルであったことを確認しておくのが重要です。確かに、宗教に中立的な国家を設立する必要性はアクバル登場の二千年近く前にすでにインドのアショカ王によって提唱されていました。アショカ王は、紀元前三世紀に国家と国民が異なった宗教に対して寛容であり擁護すべきことを主張し、「すべての宗派はなんらかの理由により崇敬されるに値する」と力説していました。近年制作されたインドのボリウッド映画『アショカ』（ちなみに監督はイスラム教徒）は、この偉大なる皇帝の一生を描くにあたり、細かい部分で多少の脚色はしたかもしれませんが、アショカ王が二千五百年前に提唱した非宗教的思想の重要性を強調している点は正しいと言えます。それは、この世俗的思想が現代インドにおいても重要視され続けていることを示すものであります。

こうした伏線があったことは確かですが、それでもやはりアクバルこそがインドの世俗主義を真に擁護した最初の皇帝であるといえましょう。なぜならば、一五九〇年代に導入されたアクバルの法典は、現代でも広い関心を集め、法律学においても、現代インドの世俗政治における思想や優先順位に反映されているからです。アクバルの提唱した主義は法典や実践を通してのみならず、「何人たりとも宗教を理由に干渉されることなく、いかなる人も彼の好む宗教に傾倒することを許されるべきである」というような、さまざまな政治声明にも反映されています。「伝統への依拠」ではなく「理性の追求」が彼の基本テーゼを構成した究極の指針だったのです。アクバルは、自らが追求した「理性の道」(rahi aql)のもとに、開かれた対話と選択の自由の必要性を主張し、主流であったイスラム教徒やヒンドゥー教徒の哲学者だけでなく、キリスト教徒、ユダヤ教徒、パールシー教徒、ジャイナ教徒、そして紀元前六世紀頃成立したインドの無神論思想の一つであるチャールヴァーカの信者までも招き、繰り返し議論させたのです。

内部のバリエーションと外部との対照

したがって、インドをヒンドゥー文明として描写するのは大きな間違いです。これと似たような粗雑さは、「西洋文明」と呼ばれるものを特徴づけるときにも見られます。ナチス・ドイツや、アジアとアフリカで植民地時代に不寛容な統治を行ったフランスやイギリス、そしてポルトガルなどの帝国が一時的に脱線したことを除けば、寛容というのは確かに近代ヨーロッパの重要な特徴ではあります。しかし、東西の間の歴史的な断絶はここにはありません。たしかに、アリストテレスは、アショカ王がそうしたように寛容を擁護しましたが、プラトンやアクイナスの思想は儒教のそれよりも権威主義的なものでした。ユダヤ人哲学者であるマイモニデスが十二世紀に不寛容なヨーロッパから離れなくてはならなくなったとき、彼は避難先として寛容なアラブ世界を見つけたのです。そして、最終的には、カイロにあるサラディン王の宮廷で名誉ある地位に落ち着きます。このサラディンという人は、イスラム側に立って獅子心王リチャードその他の十字軍と戦った人です。一五九〇年代にアグラでアクバルが宗教的寛容の宣言を発していたとき、ヨーロッパではまだ宗教裁判が行われていました。一六〇〇年には、ローマのカンポ・デ・フィオーリでジョルダーノ・ブルーノが異端として火あぶりの刑に処されています。

よって、文明という基準に頼って世界を分割することの第一の問題は、その著しい粗雑さにあるといえます。この問題は、二番目の問題によって増幅されます。それは、この分割方法が唯一適切なもので、人々のアイデンティティを同定する他の方法を圧倒する、もしくは飲み込むものであるという暗黙の前提の愚かさです。私たち一人一人の自己認識は多くの特徴を持っています。宗教は、その中で重要なものであるかもしれませんが、すべてを圧倒するほどのアイデンティティではありえないのです。

私たちは、歴史からもう一つの重要なことを学ばなくてはなりません。それは、同じ宗教を共有しているからといって、必ずしも政治に対して同じ姿勢をとり、他者に対して同じように寛容であるとは限らないということです。政治的に異端であったアクバルが、本当のイスラム教徒でありつづけたのかどうか、という繰り返し問われてきた問題を考えてみましょう。この問いは、今日的な問題、すなわち、イスラム政治の正しい見方に関する活発な議論に私たちを引き戻してくれます。アクバルは果たして敬虔なイスラム教徒だったのでしょうか、あるいは、デリーやアグラに大勢いた彼の批判者こそ「本当の」イスラム教徒だったのでしょうか。このような「二者択一」型の問いでは、白黒はっきりさせる答えを出すことが求められます。イスラム教徒というものが宗教だけを基準に決まるもので、その人の他の属性を一切見ないということであれば、それは可能でしょう。しかし、イスラム教徒であることの重要性は認めても、それが必ずしも他のすべてを決定するような包括的なアイデンティティではないのであれば、この政治的な問題を宗教という限定的な枠の中だけで解決しようとする必要はなくなります。ここで、アクバルの政治的な世俗主義と宗教的な異端に対して、影響力の強いイスラム教徒のグループの中には足を引っ張るものだけでなく、支援していた人々がいたことを思い出すのがよいかもしれません。彼が一六〇五年に亡くなったとき、アクバルの信条や宣言に対して非常に批判的であったイスラムの神学者アブドゥル・ハクも、「革新」を企てはしたものの、アクバルは「善きイスラム教徒でありつづけた」と結論せざるをえなかったのです。この考え方は、宗教が人のアイデンティティのすべてを包み込み、人の信仰や行為に一切の幅を許容しないものであるという立場をとらない人にとっては、取り立てて不思議なことではないでしょう。

基本的な論点として私が示したいのは、アイデンティティの複数性を認める必要があるということ、そして、アイデンティティをなんとなく「見つける」のではなく、責任ある人間として多様な関係や所属の中でどれを優先していくかを決めていかなくてはならないということです。これとは対照的に、「衝突」を不可避とする理論の持ち主は、分類の基準がいろいろあることの妥当性を頑なに否定しようとしたり、あるいは、暗に無視したりするのです。また、これに関連して、私たちが自らの優先順位について意思決定をする責任を負うことにも否定的なのです。

宗教に基づくアイデンティティや文明を基準にしたアイデンティティは、非常に重要であるかもしれません。しかし、それはさまざまな所属の一つでしかないのです。ここでの問題は、イスラム教（ヒンドゥー教やキリスト教でもいいのです）が、平和を愛する宗教であるか、戦いを好む宗教であるか、ということではありません。私たちが問わなくてはならないのは、敬虔なイスラム教徒がその人の宗教的な信仰や実践を、宗教以外のコミットメントや価値観その他の個人的なアイデンティティの特徴とどのように組み合わせるのか、なのです。人の宗教的な、あるいは文明によるる所属先だけをとりあげて、それが他のすべてを包括するアイデンティティであるかのように扱うのは非常に問題の多い診断であるといえましょう。それぞれの宗教の熱心な信者の中には、偉大なる平和の擁護者もいましたし、凶暴な戦士もいました。どちらが「真の信奉者」で、どちらが「単なる詐欺師」であるか、を問うのは無意味です。私たちは宗教的な信仰だけに基づいて政治的、社会的優先順位を含む人生のすべてを決定するわけではありませんし、また、決定に伴う振る舞いや行動も宗教で決まるわけでもないことを認めなくてはなりません。平和や寛容を提唱する人と、戦争や不寛容を奨励する人が、同じ宗教に属することは可能なのです。それぞれ、自分たちなりに真の信奉者として、何の矛盾も感じていないことはありうるのです。宗教的なアイデンティティという領域は、それ以外の世界観や所属のすべてを消し去るものではないのです。

宗教学校と理性的に考える自由

アイデンティティの問題は、子供を宗派経営の宗教学校に入れるという公共政策にも関係します。そうした学校では、「自分の文化」に関する知識が狭く教えられるために、子供たちにどう生きるかの選択をするための十分な情報を与える教育機会が著しく制約されている場合があります。教育の目的は、自分や自分の家族が何らかの形で「属している」文化を含めて、世界におけるさまざまな文化について教えることだけではありません。教育は、理性的に考える力を滋養し、後の人生で自由を行使する手助けをするために行われるのです。この問題は、理性を超えた教義に基礎をおく世界の多くの学校に対する重大な挑戦になります。パキスタンのマドラサ（訳注：イスラムの高等教育施設）は、最近、この観点から注目を浴びました。自由主義をかかげるイギリスのような国でも、この問題が深刻化しています。

フランスやドイツ、イタリアやアメリカ合衆国などとは異なり、イギリスの教育システムでは、宗派が経営するような学校での宗教教育を国立学校でも標準的に認めてきました。以前は、キリスト教とユダヤ教の学校だけに限定されていたのですが、今やそれ以外の教義に基礎をおく学校を設立することも公式のイギリス政府の政策上、認められていることなのです。すでに、イスラム教に特化した学校やシーク教の学校などがいくつかできていますし、ヒンドゥー教の教育を行う学校の設立も申請されています。私の分析が正しいとするならば、こうした動きは、すでに存在する問題をさらに難しいものにするでしょう。若いイギリス人、特に南アジア出身のイギリス人のための選択肢の扉は、ますます狭くなるのです。自分がたまたま産み落とされた家族の伝統が選択を決めるものであるという間違った考えが、幅広い教育を不要にしてしまうからです。ここで犠牲にされるのは、アクバルが言ったところの「理性の道」なのです。

自由と責任

「文明の衝突」という視点に横たわる基本的な問題は、衝突が不可避であるという議論されていない前提にあるわけではありません。この問題は、むしろ副次的で、派生的に生じるものであって、それが問題であるとしても優先すべき問題にまず答えなければなりません。より重要な問題は、世界の人々を一つの方法で、個別の文明に切り分けられるのか、ということにあります。これは、個別の文明が衝突するか否か、以前の問題です。このあまりに単純化された分類は、世界の人々のありようや多様な相互関係について誤った理解を誘導するものでしかありません。この分類法は同時に、特定の区別だけを大げさに見せる効果があり、それ以外の分類法を排除してしまうのです。

他者との関係の持ち方や所属、そしてアイデンティティには複数の側面があります。私たちは、その中で、それぞれにどれほどの重要性を付与するのかを決めなくてはなりません。宗教的な信仰やアイデンティティは、それが選ばれたものであろうと、単に受け継がれたものであろうと、私たちの人生を支配するようなものではありませんし、私たちの内省的な意思決定を支配するものでもありません。別の選択肢がそこにあるのに、その存在を否定してしまうことは、状況の記述として間違っているだけでなく、倫理的な怠慢です。というのも、選択の行使に伴う責任まで放棄することになってしまうからです。コーランなど、同じ教典から異なる立場の引用が新聞を賑わしていますが、今日の紛争にかかわる知的な対立に伴い判断を迫られている主要な課題は、特定の宗教の「本当の」性質が何であるかといった難解な議論ではありません。むしろ、私たちの多様な所属や関係、そして価値やコミットメントのすべてを考慮した上で何をするかを決める自由と選択の重要性、そして選択に伴う個人の責任の重要性にあるのです。

イスラム教徒であることは、必ず強い闘争心や対立心が求められるのか、あるいは、英国のブレア首相（当時）が雄弁に語ったように、真のイスラム教徒は寛容でなくてはならないのか、という議論が盛んに行われています。ブレア首相がイスラム教に内在するとされる対立的な世界観を否定したことはまさに適切で非常に重要です。しかし、「真のイスラム教徒」を厳格に定義する必要がそもそもあるのかどうか、と問わなくてはなりません。人の宗教は、その人のすべてを決める必要はありませんし、それだけがその人のアイデンティティというわけでもありません。とくに、宗教としてのイスラム教は、一人一人の信者が責任ある選択をする可能性を消してしまうものではありません。実際、あるイスラム教徒が対立的立場をとり、別のイスラム教徒が異端に対して寛容であることはありえるし、このことを理由に、一方がイスラム教徒であることを辞める必要はありません。これは、「イジュティハード（ijtihad）」すなわち、宗教的解釈とよばれるものが幅広い許容範囲をもっているからであるだけでなく、イジュティハードがどの程度の許容範囲をもっているのか、についても意見が異なっているからなのです。

大きな宗教に基づく分類だけに注目すると、ほかに人々を突き動かしている配慮すべき関心や考え方を見落とすことになります。それだけではありません。宗教的な権威者の声が不自然に大きくなることで、他の優先すべき事項の重要度を低下させてしまう効果があるのです。実際には、ある指導者の言うこととまったく異なった考え方を多くのイスラム教徒が持っているにもかかわらず、イスラム教の指導者たちは、いわゆる「イスラム世界」を代表する職権上のスポークスマンとして扱われることになるのです。これと同じように、キリスト教やヒンドゥー教、ユダヤ教の指導者が「信者衆の」スポークスマンとして見られるのです。単一基準に基づく分類は、さしあたりの区別だったものを、融通のきかない杓子定規な障壁に変えてしまいます。それはまた、それぞれの宗教世界のヒエラルキーにおける権力者に他を威圧するような発言力を与えてしまうと同時に、他の宗教者の声を静め、覆ってしまう効果があるのです。

結論

世界を一つに結ぶ力強い源泉は、私たちが同じ人間として共有するものだけではありません。人類の共通項にどのようなものがあるかは重要であり、絶えず念頭におく価値のあることでありますが、私たちの多様性が多面的であることこそ、世界を一つにするときに欠かせないものなのです。私たちは互いに同じではないかもしれませんが、互いの異なり方もまたさまざまなのです。宗教や「文明」に基づくアイデンティティは重要であるかもしれませんが、それだけが重要であるわけではありません。今日の世界を席巻している決まり文句は、「文明は衝突するのか」という問いの形をとります。この問いは、表面的にはとても魅力的なものですが、まったく間違った問いなのです。その意味では、間違った前提に基づく問いの例として古くから知られる、「君はもう奥さんに暴力をふるうのをやめたのか」という問いによく似ています。この問いに対して「イエス」と答えたとしても、「ノー」と答えたとしても、そもそも答えようとすること自体が、まったく間違っているかもしれない前提を成り立たせてしまうことにつながります。「文明は衝突するのか」という問いの場合も同様です。それにどう答えようとも、答えようとする段階で世界の人々を「文明」という単一の基準で分けることができるという考え方を暗に認めることになってしまうのです。そこに基本的な間違いがあり、その間違いが我々を「文明の衝突」論に導いてしまうのです。衝突があるか、ないかを議論する以前の段階から問題ははじまっています。この疑わしい分類法が、便利で、世界の人々を分類する他のやり方よりも唯一適切であると考えるところで、すでに大きな間違いを犯しているからです。人類の協調も幅広い多様性も、危険なほど単純で、ばかげた公式に還元してしまうことはできません。世界は、そこで想定されているよりも、はるかにずっと豊かなのです。

注

（1） Samuel P. Huntington, *The Clash of Civilizations and the Remaking of World Order* (New York: Simon and Schuster, 1996)〔鈴木主税訳『文明の衝突』集英社、一九九八年〕。

（2）この点については、K. M. Sen, *Hinduism*（London: Penguin Books, 1961）〔中川正生訳『ヒンドゥー教』講談社現代新書、一九九九年〕を参照。またベンガル語が読める人は、同じ著者によるこのテーマを追求した古典 *Bharate Hindu Mushalmaner Jukto Sadhana*（ヒンドゥーとムスリムの合作）を参照。

第四章

東洋と西洋——論理のたどり着くところ

I

アイルランドの詩人ウィリアム・イェーツは、蔵書であったニーチェの『道徳の系譜』(*The Genealogy of Morals*)の余白に、次のような書き込みをしています。「それにしてもなぜニーチェは〝空にひとつの星もなく、あるのは蝙蝠《こうもり》と梟《ふくろう》と、そして気の狂った月だけだ〟と考えたのだろうか」。ニーチェは、二十世紀直前に人間性の将来の見通しについて悪寒を覚えさせるような懐疑論を語っているのです。ニーチェが没したのは一九〇〇年ですが、彼の没後の新世紀すなわち二十世紀には、二つの世界大戦、ホロコースト、ポル・ポトらによる大虐殺など人間性に対する組織的な残虐行為が発生しました。このような二十世紀の出来事からすると、ニーチェの人間性に対する懐疑論は正しかったとするのに十分な理由がありそうです。オックスフォード大学の哲学者ジョナサン・グローバーは、最近書いた『人間性――二十世紀道徳史』(*Humanity: A Moral History of the Twentieth Century*)という興味深い本の中で、我々は前世紀の出来事をただ反省するだけではなく、「我々自身の内部に野獣が存在することをしっかり見極め」、その野獣を「濫の中に閉じ込め、飼いならす」手段・方法を考えなければならないと述べています。(1)

二十世紀の終わり、すなわち第二次千年紀《ミリニアム》の終わりは、こうした問題について冷静に取り組むのにいい機会であることは確かです。イスラム暦の第一次千年紀が終わったとき、すなわち西暦六二二年にムハンマドがメッカからメディナに移ってからちょうど一千年後――陰暦計算によるこの一千年間は太陽暦の一千年より短い――に当たる一五九一～九二年、インドではムガール帝国のアクバル王が、この問題について徹底して取り組んでいます。宗教を異にする共同体間の関係をめぐる問題や、当時すでに多文化社会化していたインド内部における平和共存の問題に、アクバル王は特別な意を注いだのです。すなわちヒンドゥー教徒、キリスト教徒、ジャイナ教徒、シーク教徒、パールシー教徒、ユダヤ教徒などを内包する王国の宗教的多元性にかかわる問題とアクバル王は真剣に取り組み、王国統治における世俗主義と国家の宗教的中立性の基礎を築きました。アクバル王が掲げた命題は、「何人たりとも宗教を理由に干渉されることなく、いかなる人も自らの好む宗教に傾倒することを許されるべきである」ということでありました。[2] そしてアクバル王は、この複雑かつ困難な命題に国家が対応するに当たっては、「伝統への依存」ではなく「論理性の追求」によるべきであると考えたのでした。この考え方は、現代世界においていっそう重要性を増しているといえましょう。[3]

新しいミリニアムを迎えるに当たって、世界中でさまざまな祝典行事が華々しく繰り広げられました。しかし、驚くべきことに、前千年紀の経験を冷静に分析するような試みは、ほとんど見られませんでした。[4] 二十世紀末、すなわちグレゴリオ暦の第二次千年紀の終わりに際して、グローバーが効果的に描写した前世紀の恐ろしい破壊的な一連の出来事についての記憶は、人々の心を動かすことはなく、また彼が提起した問題は、人々の関心を呼び起こすこともなかったようです。祝典のまばゆい光は、星だけではなく、蝙蝠も梟もそして気の狂った月さえ見えなくしてしまったかのようでした。

ニーチェの道徳的論理についての懐疑と難問到来の予見は、道徳権威の抹殺を漠然と容認してしまうことに結びつく最も恐るべきことであるとともに、大きな疑問も残すことにはなった反面、同時にそれは最も大きな希望の見通しにつながるかもしれない。グローバーはこう指摘し、「ニーチェの挑戦」に我々は応じなければならないと主張しています。その挑戦とは、「ニーチェが到達した恐ろしい結論を回避しつつ、道徳のよりどころとしての宗教権威に対する彼の懐疑論をいかに受け入れるか」ということであります。この問題は、道徳性は批判的論理から導かれるとしたアクバル王の命題にもかかわっています。道徳上の判断を下す場合には、理性を宗教上の要請に従属させたり、あるいは「伝統という湿地帯」に依拠したりしてはならない、とアクバル王は論じているからです。

このような問題に対する関心は、論理性が到達しうる範囲について楽観的であった十八世紀ヨーロッパの啓蒙時代に特に強く見られました。最近、啓蒙思想の見解は厳しい攻撃に晒されるようになり、グローバー自身も強い批判の声を加えています。[5] すなわち「人間の心理についての啓蒙主義の見解」は、いっそう「軽薄で機械的」になり過ぎているようであり、「人道主義と科学的世界観」の普及による社会進歩という啓蒙主義の希望は、今や「愚直」でさえあるかに見えるのです。このような趨勢の高まりにしたがってグローバーは、二十世紀に発生した恐ろしい惨事の多くは、啓蒙思想の影響によるものだとしています。「スターリンとその後継者たちは啓蒙思想の奴隷であった」のみならず、ポル・ポトも「間接的には啓蒙思想の影響を受けた」と見るグローバーは、現代世界における暴政を啓蒙主義の世界観に結びつけています。しかし、問題解決のよりどころを宗教や伝統の権威に求めることを潔しとしないグローバーは、――この点に関してグローバーは啓蒙思想から逃れることはできないとも言ってはいますが――攻撃の矛先を他の目標、すなわち頑迷な信条への依存などに向けています。「スターリン主義の未熟さの根源は、スターリン自身が抱いていた信条にあった」、とグローバーは論じています。この主張には、「スターリンにおけるイデオロギーの役割」とともに十分説得力があります。

しかし、ではなぜ啓蒙主義世界観に対するこうした批判が出てくるのでしょうか。

啓蒙主義論者の多くが、論理的選択は無分別な信条に従った選択に勝ると主張していることからして、独裁者の無分別的信条を啓蒙思想の伝統のせいにするのは、公平を欠くことになりましょう。「スターリンの未熟さ」については、約束したことと実際の結果との間の大きなギャップを論理的に示すこと、そして為政者が厳しい検閲によって隠蔽しなければならなかった残虐性を暴くことによって対抗できたはずであり、事実、そのような方法で対抗したのでした。論理的アプローチが有利であることの理由の一つは、イデオロギーや無分別的信条を超越するのを理性が手助けしてくれることであります。理性がポル・ポトの主要な味方でなかったことは事実であり、彼とその追随者たちは、狂気と誤って理論づけられた信条とに駆り立てられ、自分たちの行動が疑問視されたり、点検されたりすることは容認しなかったのです。グローバーの他の主張にも説得性があることから考えると、啓蒙主義に対するいま流行りの攻撃の大合唱に、彼が率先して加わっていることに大きな戸惑いを感じます。

しかし、この問題をめぐるグローバーの議論から重要なもう一つの問題が浮かび上がってきます。それは、論理的思考を妨げる越えがたい障害が存在する場合には、本能に依存した方がよいのだろうかという問題です。そしてこの問題は、スターリンやポル・ポトほどは苛烈でなかったニコライ・ブハーリンについてグローバーが論じた中で、明確に浮かび上がってきます。ブハーリンには「圧政者に変ずる」意図などなかったとグローバーは述べています。「人間的本能と自らの固い信条との葛藤の狭間に生きなければならなかった」ブハーリンは、抵抗勢力に遭遇し、周囲の政治状況や自らの形式主義的思考のために、明晰な論理を構築することができず、その結果、「人間的本能」と「強固な信条」との間で揺れ続け、そのいずれの側にも「明白な勝利」をもたらすことができませんでした。このように見るグローバーは、ブハーリンは本能に従った方がよかった、としています。ブハーリンのケースを一般論の基礎にできるか否かは別として、グローバーは論理が構築される状況を考慮に入れなければならない、とする興味深い論点を提示してくれます。そしてグローバーのこの論点は、啓蒙主義を非難し悪者扱いする傾向をどう評価するのであれ、注目するに値します。

2

論理的思考による問題解決の可能性は、恐ろしい出来事がもたらす闇に包まれた世界に、希望と自信を与えてくれる心強い源泉であります。そしてなぜそうであるかは、容易に理解できます。我々を混乱に陥れ、悩ませているものの実体が何であるかを知ったとき、我々には対応策が適切であるか否かを問う自由があるからです。また我々には、他者、異文化、そして他者の要求に対する正しい見方や扱い方を論理的に考え、他者に対して尊敬と寛容を示す根拠の有無を調べてみる自由もあります。そして我々は、自分が犯した誤りについて、論理的に考え、同じ過ちを繰り返さないよう努めることもできます。たとえば、日本の作家で洞察力の優れた社会理論家でもある大江健三郎氏は、他国の「領土を侵略した歴史」を理解することだけでも、日本国民が「民主主義の理念と不戦決意」を守り続けなければならない十分な理論的根拠になる、という説得力のある主張をしています(6)。

害をもたらす原因であることが必ずしも明白ではないが、結果的には害をもたらしているような行為や政策を見極めるためにも、論理的な解明は必要です。たとえば飢餓問題は、公共政策によっては直接的に回避できないとする誤った想定に基づいて、放置され続けていますが、特定の地域で餓死が発生するのは、主として失業、市場の縮小、農業生産の混乱などの経済的災難によって貧窮化した人々の食糧購買力が著しく低下する結果によるものなのです。こうした経済的犠牲者は、食糧供給総量の増減にかかわらず、飢餓を強いられることになります。したがって、このような不平等な貧困化は、比較的低賃金の雇用を創出する公共政策によって防ぐことが可能なのです。そのような公共政策を講ずれば、貧困層も食糧総供給量の分け前にあずかれるようになるからです。

飢餓は、悪魔と同じく、最後尾にいるものをつかまえます。飢餓の犠牲者が、食糧不足に襲われた地域の総人口の五パーセントにまで及ぶことは珍しく、一〇パーセントに達することはほとんどありません。最後尾の貧困層の所得増を図ることによって、絶対貧困層が入手できる食糧をすばやく、しかも劇的に増大させることが可能です。こうした問題について、公共の場における開かれた議論を推し進めて飢餓の発生を防止するには、民主主義と報道の自由とがきわめて重要です。この二つが存在しなければ、不合理な悲観主義と常識に基づいた冷静さという仮面をつけた無対策と政府の責任放棄の正当化を手助ける結果をもたらすことになります。[7]環境破壊についても、飢餓の場合と同様、往々にして意図からではなく無頓着さと合理的行動の欠如から恐るべき結果を招くことが多いのです。[8]人間の怠慢あるいは頑迷な鈍感によって引き起こされる大惨事を未然に防ぐには、我々は問題に対する関心と強固な解決への意思に加え、実行力を伴う理性を持たなければなりません。

理性に基づいた倫理に対しては、最近、さまざまな方面からの攻撃が見られます。「啓蒙主義の人間心理観」は人間的反応の多くを無視している、というグローバーの主張に加えて、人間行動の倫理性を主として理性に求めるのは、人間の価値観や行動に対する文化的要因の影響力を軽視しすぎだという主張も聞かれます。この主張によれば、人間の思考とアイデンティティは、西洋流とみなされがちな分析的論理ではなく、人間が育った伝統や文化によってかなり複合的に決定されるといわれます。論理的思考の到達点は、確かに強力な人間心理の力によって制約されることになりますが、この力と妥協することになるのか、あるいは文化的多様性の力と妥協することになるのかを点検しなければなりません。そして、将来に対する希望と人間らしく生きるための手段、方法の探求は、こうした点検の結果をどう評価するかにかかっているのです。

「新しい人間心理学」が必要だというグローバーの議論は、政治と人間心理がどのように相互に影響し合うものであるかを考慮に入れたものです。人間が残虐性に対して本能的に反抗するものであるならば、政治的暴虐に対しても、当然反逆することが予期されます。そして我々は、非人間的行為に対しては即座に反応し、抵抗することができなければなりません。そのためには、個人と社会が道徳的想像力を培い、その力を行使する機会を増大しなければならないのです。グローバーが指摘するように、「自己の道徳的アイデンティティ」を含む道徳性の供給源が我々にはあります。しかし、政治的「残虐」に反抗するには、道徳的アイデンティティ意識は、何よりも人間性からの反応でなければなりません。そして、人間性からの反応の中では、特に二つの反応が重要である、とグローバーは論じています。第一は、「他者に対してある種の敬意をもって対応する性向」であり、第二は、他人の窮状や喜びに対する共感です。人間社会の将来への望みは、このような人間的反応を培うことにかかっています。グローバーは、このような考えから、「いま我々が目を向けなければならないのは、人間心理である」という結論を導いています。

人間の本能的心理と共感的反応の重要性を十分認めなくてはならないことは、まさにグローバーのいう通りでしょう。また、人間社会の将来は、他者に発生していることに対して敬意と共感をもって反応できるか否かに大きくかかっている、とするグローバーの見解も正しいでしょう。したがって、グローバーにとっては、「啓蒙主義の浅薄で機械的な心理論を、より複雑で現実により接近した心理論」に置き換えることが最も重要になります。

我々はグローバーのこのようなアプローチの肯定的側面を讃える反面、彼が啓蒙主義に対して公正であるかどうかを問わなければなりません。我々の視界を曇らせるポル・ポトらのような犯罪者一味がいなかったとしても、これは問わなければならないのです。グローバーはアダム・スミスには言及していませんが、『道徳感情論』を書いたアダム・スミスは、情緒性と心理的反応が核心的重要性をもつとするグローバーの見解におそらく賛成したでしょう。人間の行動を決定する要因には、冷静に計算された狭義の個人利益以外には何もないとする見解を、アダム・スミスに帰すことが現代経済学で流行っているようですが、アダム・スミスの基本的著作を読めば、それはアダム・スミスの立場ではなかったことがよく分かります(9)。グローバーが人間性の必要要素の一部として論じている人間心理についての多くの問題は、アダム・スミスによっても論じられてはいます。しかし、アダム・スミスもディドロやコンドルセやカントらに劣らない「啓蒙主義者」であり、その分析や主張は、同時代の人々の考えに深い影響を与えています(10)。

アダム・スミスは、「理性と感情は、ほとんどあらゆる道徳的決定と、結論においては一致する」と主張したもう一人の啓蒙主義の旗手デビッド・ヒュームの立場にまではいたらなかったかもしれませんが(11)、スミスもヒュームも理論と感情は密接に結びついていると考えました。事実、ヒュームは――グローバーはヒュームには言及していません――、情熱《パッション》を理性より上位に位置づけていたことから、まったく逆の偏見をもっていたと見られることが多いようです。トーマス・ネーゲルは、理性の役割を強く弁護した中でヒュームについて次のように述べています。「論理的な判断とは無関係な情熱が、あらゆる動機の根底であるがゆえに、特に実際的な論理とか道徳的論理などというものは存在しない。ヒュームはこのような信条の持ち主として知られた[12]」

決定的な問題は、感情や態度を重要だとみなすか否かではなく――我々が啓蒙主義者とみなしがちな人々の大部分は、はっきり重要だと考えていますが――感情や態度は、理性を通じて培うことができるか否かということです[13]。アダム・スミスは、「善悪についての我々の「最初の認識」は、論理の対象として発生することはありえない、それは直接的な感覚と感情から発生するものだ」と論じています。しかしスミスは、人間の特定の行動に関する本能的反応も、広範多岐にわたる多くの例に見られる行為と結果をまず論理的に理解することを基礎にすべきである、とも論じています。さらに、最初の善悪認識は、批判的検証――たとえば「ある目的は別の

に対応して変わるかもしれないのです[14]。

このように啓蒙主義の考え方の二本の柱、すなわち論理の力と人間の完全性達成能力という二本の柱は、しばしば誤って一体化され、一緒にされて批判されます。啓蒙主義者の著作の中では、この二本の柱は確かに密接に結びつけられてはいますが、実際には明確に異なる次元の主張であり、一方の柱を否定することは、他の柱の主張も崩すことにはなりません。たとえば、人間の完全性を達成するのは可能であるが、それは主として論理を通じて達成されるわけではないと論ずることもできるし、あるいは逆に、論理が構築できたとしても、人間の完全性が求める状況に少しでも近づけるという望みは必ずしも生まれるものではない、と論ずることも可能です。人間の性質についてさまざまな面から分析をしているグローバーは、人間の完全性達成が可能だとはしていませんが、「道徳的想像力を社会的、個人的に培う」ことを通じて、人間に心理的影響を与えうる力としての論理性に希望を託しています。したがって、グローバーの考え方には、啓蒙主義に対する厳しい批判から推測される以上に、啓蒙主義者の諸著作——特にアダム・スミスの著作——と部分的な共通性が見られるのです。

3

次に、論理性は文化的相違によって制約されるとする論理的アプローチに対する懐疑論について考えてみましょう。この懐疑論に対しては、最近、関連性のある二つの異なった視点からの批判がみられます。第一は、論理性、合理性に依存して社会問題に対応しようとするアプローチを、特に「西洋的」な方法だとみなす見解です。この見解によれば、非西洋文明圏の人々は、自由や寛容性などを含む価値——それは西洋社会の中核的価値であり、カントからジョン・ロールズにいたる西洋の哲学者たちが発展させた正義の概念の根底をなしている価値です——を共有していないとされています。自由と寛容が西洋社会の価値観の中核であることには議論の余地はありません。待望久しかったロールズの論文集が刊行されたことによって、

「寛容と良心の自由という大原則」が、我々自身の時代における最高の倫理論、政治論の中でいかに枢要な位置づけをされているかを、総合的に理解できるようになりました。(15) 非西洋社会の多くは自由や寛容性を軽視する価値体系をもつとみなす主張——最近、注目を集めているアジア的価値観もそのような主張とされていますが——が台頭していることからして、この問題は重要です。寛容性、自由、相互尊重などの価値観は、「文化的特質」として定義づけられ、しかも基本的には西洋文明にしか存在しないとする主張さえ見られます。このような主張を私は「文化限界」論と呼んでいます。

第二は、異なる文化の中で育った人々は、他者に対する基本的な共感や敬意を根本的に欠いている可能性があるとする見解です。異なった文化の中で生まれ育った人々は、お互いに理解し合うことができず、お互いに論理的な議論をすることもできないとする考え方は、「文化不調和」論と呼ぶことができましょう。ある共同体の人々による残虐行為や集団殺害などの蛮行は、他の共同体の人々に対して行われることが通例であることからして、共同体間の相互理解の重要性は、いくら強調しても強調しすぎることはありません。しかし、お互いの文化が基本的に異なり、しかも対立しがちであるならば、異文化間の相互理解を達成するのは困難です。スラブ人とアルバニア人は、お互いの「文化的憎悪」を克服できるでしょうか。フツ族とツチ族、ヒンドゥー教徒とイスラム教徒、あるいはイスラエルのユダヤ人とアラブ人は、それぞれ理解し合えるでしょうか。こうした悲観的設問をすることさえ、人間の性質や人間同士の理解には限界があるとする懐疑論のあらわれであるかもしれませんが、こうした懐疑論を無視することはできません。「文化不調和」論を主張するさまざまな著作によって、一般を対象にした自称「現実派」の著作であれ、「普遍主義」謳歌を批判した専門書であれ、この問題が最近、真剣に取り上げられるようになっているからです。「文化不調和」の問題は、さまざまな文化状況や政治状況の中で盛んに論じられています。そしてこの問題を論じた諸著作は、忠誠心の所属がまちまちな従軍記者たちによる戦場からのレポートのように響くことが多いものです。「文明の衝突」、西洋の文化帝国主義に対して「戦い」を挑む必要性、「アジア的価値」勝利の不可避性、西洋文明に対する他文明の武装挑戦などなどの表現を耳にすることも多くなりました。国境を越えたグローバルな対決は、国内問題にも反映されるようになっています。それは多くの社会が、今やさまざまな異文化を内包するようになり、それがある人々にとっては脅威に思われるからなのです。サミュエル・ハンチントンは、「アメリカ合衆国と西洋社会の保全には、西洋のアイデンティティの再生」が必要だと主張しています。[16]

4

「論理性がどこまで到達できるか」という問題は、別のもう一つの問題の主題とも関係しています。それは人類学の分野での主要著作にも反映されている重要主題でもあります。ここで言及したいのは、クリフォード・ギアツのいう「文化戦争」についてです。「文化戦争」については、一七七九年、刀剣や棍棒を振り回すハワイ原住民によってキャプテン・クックが殺害された事件の解釈をめぐる活発な議論の中によく示されています。[17]ギアツは、二人の著名な人類学者の理論を対比して論じています。ギアツによれば、マーシャル・サーリンズは「明確に異なるさまざまな文化が存在し、それぞれに人間の行動を規制する文化システムがある」とする見解の徹底した主張者です。これに対してガナナート・オベーセーカラは、「人間の行動や信条は、生活の中で特定の実際的機能を果たすものであり、そうした信条や機能は人間の心理的側面から理解すべきである」とする見解の徹底した主張者です。

いずれの見解の説得力がより強いかは別として、文化決定論者のいうように、人間が伝統的な思考・行動パターンに閉じ込められてしまうのは不可避なのか、という問題を問わなければなりません。サーリンズのアプローチもオベーセーカラのアプローチも異文化間コミュニケーションの可能性を排除はしてはいません。もっとも、サーリンズの解釈に従う場合には、コミュニケーションはより困難でしょう。

しかし我々は、ある特定の文化に帰属する人々が、他の文化をよく理解し、異文化に対する共感や敬意を示せるようになるには、どのような論理方法を用いなければならないかを問わなければなりません。この問題は、異文化に対する残虐性や苛烈な行為を解決する方法として、道徳的想像力の涵養を説くグローバーが提起している問題の一つでもあります。そしてこの道徳的想像力は、他者に対する敬意、寛容、共感を通じて培うことができる、とグローバーは期待しているのです。

ここでの核心的な問題は、それぞれの特性を有する社会が、それぞれいかに異なるかということではなく、それぞれの社会の構成員が他の社会がどのように機能しているかについて理解し、評価する能力や機会があるか否か、そしてそのような能力と機会を創り出せるか否か、ということです。もちろんそれは、異文化間対立の解決にただちにつながる方法ではないかもしれません。キャプテン・クックを殺害したハワイ原住民は、クックに対する自分たちの文化に縛られた見方をただちに変えることはできなかったし、またクックもハワイ原住民に対して発砲を思いとどまるほどの理解や洞察力を、即座に身につけるわけにはいきませんでした。望みをかけるとすれば、それは異文化に対する理解と知識を論理的に培うことによって、衝動的な行動を最終的に克服していくことです。

ここで直視しなければならないのは、異文化に対する論理的理解と知識の習得には、ある文化には存在しないような価値が必要かどうかという問題です。それは

「文化の境界」が中心的になる問題でもあります。たとえば、非西洋文明には分析的、懐疑的な論理思考の伝統がないのが一般的であり、したがって非西洋文明社会は「西洋の合理性」からはほど遠い、と断定されることが多くあります。同様なことは、「西洋の自由主義」、「権利と正義についての西洋の概念」、そして一般的な「西洋の価値」についても指摘されます。ガートルード・ヒメルファーブが見事な明断さをもって示した「権利」、「理性」、「人間愛」などの概念は、「主として西洋の価値であり、そしておそらくは西洋特有の価値観」であるという考えを支持する人々が多く存在します[18]。

このような考えやこれに似た信念は、多くの議論の中に暗示されているだけではなく、そのような主張をする人々がその主張点の明示を避けようとする場合においてさえ、言外に現れます。他者や異文化をよりよく理解するのに必要な想像力、敬意、共感を培うのに役立つ論理的思考や価値が、基本的には西洋文明に特有なものであるならば、悲観主義には十分な根拠があることになります。しかし、果たしてそれは西洋文明だけの特性なのでしょうか。この問題の検証は、現代の我々の認識やさまざまの著作に対する西洋文化の圧倒的影響に目を向けることなしには困難です。西洋文化の圧倒的支配力は、新ミリニアムを祝うさまざまな行事の中にもよく現れていました。グレゴリオ暦による第二次千年紀の終わりに際して全世界の人々は、グレゴリオ暦をあたかも唯一の権威ある暦であるがごとくにみなす考えに釘付けにされてしまいました。しかし、中国、インド、イラン、エジプトなどをはじめ非西洋社会には、グレゴリオ暦よりもはるかに古く、しかも現在でも広く使われている暦が存在しています。[19] もちろん、科学技術や商業などの分野の国際関係にかぎらず、文化面の国際関係においてさえ、ひとつの共通暦が使えるのはきわめて便利です。しかし、その共通暦であるグレゴリオ暦の圧倒的支配性が、「グレゴリオ暦だけが国際的に使用できる」唯一の暦だとする暗黙の想定を反映するものであるならば、その支配性は重大な誤解の基になります。なぜならば、グレゴリオ暦以外のいくつかの暦も、広く採用されれば、グレゴリオ暦と同じように使うことができる暦であるからです。

西洋の支配力は、非西洋社会の別の側面を理解することについても、同様な影響を与えています。たとえば、「西洋自由主義」の不可分な一部とよくみなされる「個人の自由」という概念について考えてみましょう。啓蒙時代を含む近代の欧米社会は、自由の概念とそのさまざまな表現形態の発展に、決定的な役割を果たしてきました。そして自由の概念は、産業組織や近代技術が拡散していったように、西洋内部の国々だけではなく、それを超えた国々へ広がっていきました。自由主義の概念が狭い意味では「西洋的」であるとしても、そのために自由主義が他の地域に入って採用されるのは妨げられません。たとえば、インドの民主主義形態がイギリス民主主義をモデルにしたものであるのを認めることは、インド民主主義の基礎を危うくすることには決してなりません。これとは対照的に、もし自由主義の概念や価値観には、特にヨーロッパの歴史と結びついている本質的に「西洋的」な何かがあると考えるのであれば、そうした考えは自由の概念が非西洋社会に広がっていくのを抑止する効果をもたらしたでしょう。

しかし、このような歴史的発展を重視する見方は、果たして正しいのでしょうか。サミュエル・ハンチントンが主張するように、「西洋は近代化するはるか以前から西洋であった」というのは真実なのでしょうか。[20] そのような主張の正しさを示す証拠は、明白からはほど遠いものです。今日、さまざまな文明を分類する際によく個人の自由度が基準にされ、しかも個人の自由は西洋世界にだけしか見られない古代から継承されてきた遺産だとみなされます。個人の自由の特定側面を、西洋古典の中に見出すことは、もちろん容易です。たとえば、アリストテレスは、人間(女性と奴隷は議論の対象外にされている)の自由と寛容の重要性を説いています。しかし、自由と寛容が重要だとする主張は、非西洋古典の中にも見出すことができます。その好例の一つを、インドのアショカ王が書き残しています。紀元前三世紀にアショカ王は、すべての人間の基本的自由を含む善行や善政について石碑に刻み、インド国中に建立させています。しかもアショカ王は、アリストテレスのように女性と奴隷を排除せず、都市部から遠く離れた前農業期状態の共同体に住む「森人」にも自由の権利はあるとしています。[21] アショカ王が自由と寛容の擁護者であったことは、現代世界ではあまり知られていませんが、それはグレゴリオ暦以外の暦を世界の人々があまり知らないことに似ています。

自由と寛容よりは規律と秩序を強調した古代インド人がいたことも確かです。たとえば、紀元前四世紀にカウティリヤは、『アルサシャストラ』(*Arthashastra*)――経済学と翻訳できるかもしれない――の中でそれを主張しています。逆に西洋古典の世界でも、プラトンや聖アウグスティヌスは、自由よりも社会規律を重視しています。したがって、自由と寛容をめぐる議論を分類するに当たっては、アリストテレスとアショカ王をひとつのグループとし、プラトン、聖アウグスティヌス、カウティリヤをもうひとつのグループにすることの方がより妥当な分類であるかもしれません。思想内容の実体に基づいたこのような分類は、もちろん文化や地域に基づいた分類とはまったく異なります。

「西洋的」と目される信条や態度が、主として現代欧米社会の状況の反映に過ぎない場合でも、それを「西洋の伝統」や「西洋文明」の古くからの特徴であるとみなしたり、あるいはそれを暗示するような傾向が見られます。今日の世界において西洋が圧倒的優位を占めている結果の一つは、他の文化や伝統が現代西洋文化との対比において語られたり、定義づけられがちになることです。その結果、西洋文明こそが合理主義と自由主義の理念——その中には分析的検証、開かれた議論、政治的寛容性、反対する自由などが含まれる——の主たる、あるいは唯一の源泉であるとする政治的信念が補強される度合いによって諸文化が解釈され、評価されることになります。そして、合理性、論理性、科学主義、実証主義、自由と寛容、そしてもちろん権利や正義などの概念の根底にある価値へ接近できるのは、西洋社会だけだとみなされるようになるのです。

非西洋世界との対立構図の中で、このような西洋社会観がいったん定着してしまうと、それは自己弁護し始める傾向を生みます。そしてさまざまな要素を含む非西洋文明は、「西洋の伝統と価値」から最もかけはなれている性向の度合いによって判断され、特徴づけられることになります。このような基準で抽出された要素は、西洋文明にも存在する要素や比較的類似している要素よりも、その文明のより「本物に近い」要素あるいは「土着純度」がより高い要素とみなされることになります。たとえば、西洋的とみなされる世俗的古典とは異なるインドの宗教的古典『バガヴァッド・ギーター』やタントリズム（密教）経典が、西洋の人々のより大きな関心を集めることになります。そして非西洋的要素の多いインド古典は、長い歴史を有するさまざまな正統派経典よりも西洋人のより強い関心を引くことになります。サンスクリット語で書かれた古典の世界には、他の古典伝統に見られるよりはるかに多くの無神論や不可知論が含まれています。数学、認識論、自然科学などから経済学や言語学などにいたるまで宗教とは無関係なインド古典についても、西洋人による同様な無視や軽視が見られます（唯一の例外は西洋人が関心を持つようになった『カーマスートラ』でしょう）。西洋との違いを選別的に強調することによって西洋文明以外の諸文明は、エキゾチックであるとか、奇怪であるとか、あるいは恐ろしいほど異質であるとかいう観点から再定義されることになります。このように文明のアイデンティティが西洋との「対比によって決められる」と、関心の的は西洋からの乖離度合いということになります。たとえば、いわゆる「アジア的価値」は、もっぱら「西洋的価値」との対比において論じられることが多いのです。アジアの歴史の中では多くの異なる価値体系や論理形態が栄えた事実からすれば、「アジア的価値」については、さまざまな異なる視点から多くの文献による裏づけをしながら、それぞれを特徴づけることが可能なはずです。しかし、孔子を選別的に引用し、同時に他のアジアの古典を選択的に無視することによって、アジア的価値は西洋の場合とは違い、自由や自立よりは規律と秩序を強調するという見解にもっともらしさを与えることができるのです。このような対比は、それぞれの文献を具体的に比較してみると、その根拠の確かさを支えるのは困難になります（この点について筆者は、別の著作の中で詳しく論じた[22]）。

ここで興味深い議論が生まれます。すなわち、一方においては西洋の多くの識者は、アジアの伝統に見られるさまざまな権威主義的側面に焦点を当てて、西洋自由主義とは対照的な、一見すっきりしたアジア像を描くことができました。これに対してアジアの一部の知識人は、自由主義的価値が西洋に特有な価値であるとする主張にはあえて反論せず、「その通り我々は西洋とは大きく異なり、しかもそれはよいことなのだ」、と西洋に距離を置くことに誇りを示しています。このように西洋とアジアを対比して、それぞれが独自性の確立を試みることを通してアイデンティティを求めようとする風潮が盛んになっています。そしてこうした風潮は、西洋文化の排他的特性を確立しようとする西洋人と、逆にそのような特性とは対立するアジア文化の排他的特性を示そうとするアジア人とによって、共に推進されているのです。このように非西洋社会が西洋社会といかに異質であるかを示すのは効果的で、しかもそれは人為的な違いを補強し、固定化することにつながります。しかし、では仏陀や老子やアショカ王、あるいはガンディーや孫文らは果たしてアジア的であったといえるだろうかという疑問が出てきます。

同様に、異質性の対比によってアイデンティティを求めれば、今日、イスラムを糾弾する西洋人も、またイスラム的伝統の新しい礼賛者や主張者たちも、イスラムの伝統的価値である寛容性——イスラムの歴史の中では少なくとも不寛容の過去と同じほど重要である——については共にほとんど何もいえなくなります。なぜマイモニデスは、十二世紀スペインにおけるユダヤ人迫害をのがれ、サラディン王の治めるエジプトに庇護を求めたのでしょうか。またなぜマイモニデスは、イスラムのために十字軍と勇敢に戦ったムスリム皇帝の支援を得、名誉ある地位が与えられたのでしょうか。

最近のアフリカでは、不寛容性の爆発がしばしば発生していますが、一五二六年、コンゴの王とポルトガル王との間に対立が発生したとき、奴隷制度は許しがたいと主張したのは、ポルトガル王ではなく、コンゴ王でした。すなわち、コンゴのムベンバ王は、ポルトガル王に送った書状の中で、奴隷貿易廃止を説き次のように述べているのです。奴隷貿易は廃止しなければならない、なぜならば「コンゴ王国内においては奴隷売買も、そのための市場も存在してはならないというのが我々の意思であるからである」(23)。

しかし、このような例があるからといって、社会調和と人間性に対する論理的アプローチが、世界のあらゆる文明の中で等しく開花してきたというつもりはありません。それは真実ではないし、またさまざまな文明に画一性を求めるのは馬鹿げたことでもあるからです。本質的には西洋文明に特有とされてきた概念の多くが、他の文明の中にも存在していたことに気づけば、そうした概念はよく言われるように特定の文化に結びついたものでは決してないことにも気づきます。少なくともこうした見解に立つかぎり、我々は論理的ヒューマニズムの前途について悲観主義から出発する必要はなくなります。

5

四百年前、アクバル王が宗教に関して国家は中立の立場を保持すべきことを宣言したことを思い起こしてみるのが有益でしょう。当時は、インドにかぎらず世界のどこにもまだ誕生していなかった世俗国家概念の原点をこの宣言書の中に見出すことができるからです。一五九一〜九二年に法典化されたアクバル王の論理的結論、すなわち国家は宗教的には中立性を保持すべしという結論には普遍的意味があり、インドだけではなく、ヨーロッパもこの結論に耳を傾けなくてはならない理由があったはずです。というのは、当時のヨーロッパでは宗教裁判がまだ行われており、一五九二年、アクバル王がアグラで宗教に対する国家の寛容性について説いていたまさにその頃、ジョルダーノ・ブルーノが異端の罪により捕らえられ、一六〇〇年にローマのカンポ・デ・フィオーリで焚刑に処されているからです。

特にインドにおける世俗主義の伝統は、アクバル王のはるか以前に根づき始めていた寛容性と多元性を重視する思潮にまで遡ることができます。たとえば、十四世紀のアミール・ホスローの著作やカビール、ナーナク、チャイタニヤらが書いた宗派とは無関係な宗教的詩文の中にすでにそのような傾向が現れています。しかし、寛容性と多元性の伝統を公的に支持し、それを強固ならしめてきたのはアクバル王自身でした。アクバル王は、自ら説いたことを率先して実践しました。すなわち、非イスラム教徒に課せられていた税を撤廃したり、ヒンドゥー教徒の知識人や芸術家を王宮に招いて登用したり、またヒンドゥー教徒であったマン・シング将軍を信頼して軍隊の指揮権を与えさえしています。ある意味でアクバル王は、二千年近く前にアショカ王が国家の宗教的中立性について一般的な言葉で宣言していたことを、明確に法典化し、体系化したといえます。歴史的には、アショカ王は古代インドの統治者で現代世界との関連性は希薄であるかもしれないのに対して、アクバル王の場合には、その法思想と法典が現代インドへつながる公共記憶（パブリック・メモリー）の継続性があります。

二十世紀インドでガンディー、ネルー、タゴールらによって強く唱えられた世俗主義は、イギリスを世俗主義の先導者とはみなしがたいという事実があったにもかかわらず、西洋的理念の反映と解されることが多いのです。これとは対照的に、憲法上の世俗主義および法的に保障された多文化主義を含む現代インドの側面は、——それはイスラム共和国パキスタンでイスラム教に特権的地位が与えられているのとは好対照をなすインドの側面でもあります——歴史的にインドで発展してきたものであることを示すさまざまな文献、特に四百年前のイスラム教徒アクバル王の思想にまで遡れる十分な根拠があります。

アクバル王の寛容な多文化主義擁護論の最も重要な点は、論理的思考の役割についてです。論理性こそが最優先されるべきである、なぜならばある論理の妥当性に対して反論するにも論理性が求められるからである、とアクバル王は論じています。イスラムの伝統にみられる本能的信条の重要性を主張する伝統主義者から攻撃されたアクバル王は、厚い信頼を置いた武官で友人でもあったアブル・ファズル——彼はサンスクリット語、アラビア語、ペルシャ語に通じた傑出した学者でもあった

――に対して次のように語っています。

「論理性の追求が伝統主義の拒絶につながるものであることは、議論の余地がないほど明白である。伝統主義が正しいのであったならば、預言者たちはただ長老指導者たちに従い、新しいメッセージをもたらすことはなかったであろう」[24]

非イスラム宗教・文化にも強い関心を寄せるべきことを確信したアクバル王は、シーア派、スンニ派、スーフィ派などを含むイスラム哲学者たちとヒンドゥー主流派指導者たちとの間だけではなく、キリスト教徒、ユダヤ教徒、パールシー教徒、ジャイナ教徒、そしてアブル・ファズルによれば紀元前六世紀に遡る無神論者派の一派である「チャールヴァーカ」信者さえ参加させた対話の場を設定しています。[25]アクバル王は、信仰については「すべてをとるかすべてを否定するか」というのではなく、さまざまな顔をもつ諸宗教のそれぞれの構成要素を論理的に考察してみることを選んだのです。たとえばジャイナ教に関しては、その儀式面については懐疑的であり続けましたが、ジャイナ教の菜食主義については肯定し、肉食を否定する結論に達しています。

アクバル王のこうした姿勢は、論理より素朴な信仰心に従う人々を苛立たせることになり、イスラム正統派による反乱が数度にわたって発生しています。その一つには、王の長子サリーム王子も荷担しました。アクバル王は、サリーム王子とは後に和解しますが、自らは「理性の道」と呼んだ立場に固執し、開かれた議論と自由な選択を主張し続けました。そして、さまざまな宗教のそれぞれ優れた要素を拾い集めた新しい「神の宗教」を興そうと試みたことさえありました。もっともこの試みは、成功したとは言いがたいようです。一六〇五年、アクバル王が没したとき、イスラム神学者アブドゥル・ハクはアクバル王について、「改革を持ち込んだが基本的には善きイスラム教徒であり続けた」と安堵の気持ちを込めて語っています。[26]まさにその通りでしたが、アクバル王はおそらく次のように付け加えたことでしょう。自分の宗教的信条は、「無分別な信仰心」や「伝統」という因習の湿地帯からではなく、自らの論理と選択とから生まれたものであった、と。

6

このようなアクバル王の論理は、今日においても、そしてインド亜大陸を超えた世界においても意味を持ち続け、今日の西洋世界で行われている議論の多くとも関連しています。そして多文化主義に対する恐怖――たとえば米国内の多文化主義を欧米に対する脅威とみなすハンチントンの主張――は精密に検証してみる必要があることを示唆しています。同様に、アクバル王の論理は、アメリカの大学教育における基本教材を西洋古典名著、いわゆる「グレート・ブックス」に限定してきたことをめぐる論争に関しても、有益な示唆を与えています。すなわち、アクバル王の考え方からすれば、基本教材を「グレート・ブックス」に限定する主張の決定的弱点は、特定の文化を学生に強要する結果を招くことよりも、西洋文化とは異なる文化的背景をもつ学生――たとえばアフリカ系アメリカ人や中国系アメリカ人など――にとっては、西洋古典を読まないで済む場合よりも、ある特定文明の著作だけを読ませられることの方が、他の文明や文化について学ぶ選択の自由を大きく制約される結果になることにあります[27]。逆に、西洋文化圏以外からの学生に課す必読書リストから西洋古典を削除してしまうことも、同様に誤りであります。なぜならば、それも学ぶ自由、考える自由、そして選択の自由を制約することになるからです。

アクバル王の論理や思考は、個人の共同体とのかかわり方に視点を置く立場、すなわち人間のアイデンティティは選択の問題ではなく「発見」の問題であるとする立場、とも関連します。マイケル・サンデルは、共同体についてのいくつかの概念を示していますが、その一つとして次のような概念を提示しています。「共同体というのは、どのような人々を内包しているかを示すにとどまらず、彼らがそれぞれどのようなアイデンティティをもっているのか、すなわち任意団体の場合のように個人の選択による他者との関係ではなく、個人がたまたま所属している共同体に対する愛着心や、単なる共通属性ではない個々のアイデンティティの総体をも示しているのである[28]」。個人のアイデンティティは、個人が決めるというよりはそれぞれが「発見」するものであるとするこの見解には、おそらくアクバル王は、次のような理由から反対したことでしょう。人間はその信条、帰属、態度については選択できるが、たとえ無分別な選択にしても、何を選択したかについては、責任をとらなければならない、と。

自己のアイデンティティは「発見」するものであるという考え方は、認識論として限界があるだけでなく――どのような幅広い選択可能性が実際に存在するかを発見する試みは確かに可能でしょう――、個人の行動に破滅的結果をもたらしかねません。それは無分別な忠誠心や信仰が、恐ろしい残虐行為や惨事をいかに加速させるものであるかを論じたグローバーが明らかにしている通りです。我々の多くは、一九四七年、独立によってインドとパキスタンが分割される直前のインドで発生した暴動を鮮明に記憶しています。一九四七年一月の時点では一般的に寛容であった人々が、同じ年の六月には残忍なヒンドゥー教徒、あるいは獰猛なイスラム教徒に急変してしまいました。[29] そしてその後に発生した大殺掠は、論理に基づいた人間性によって抑止されることなしに「真の」アイデンティティが「発見」できたとする主張とも深くかかわっていたのです。

社会問題についてのアクバル王の分析は、前近代性が明白な社会においても、開かれた議論の力と、それによって広がる選択肢の重要性とを明示しています。シリン・ムースヴィの優れた著作『アクバル王の生涯とエピソード――同時代の文献と回顧』(*Episodes in the Life of Akbar: Contemporary Records and Reminiscences*)は、アクバル王が論理を用いることによっていかにして社会的決断――その多くは伝統を無視したものでした――を行ったかを興味深く示しています。[30] たとえば、アクバル王は当時においては確立された社会慣習であった幼児結婚制度に反対し、そのような結婚の「意図目的の実現は遠い将来の問題であるが、幼児結婚がもたらす危害の可能性は直近の問題である」と論じています。アクバル王はさらに続けて、「寡婦の再婚を禁ずる宗教(ヒンドゥー教)においては、寡婦の苦難が特に大きい」と言っています。また、財産の分割相続について、「女性は弱者であるがゆえにより大きな相続権利が与えられてしかるべきであるにもかかわらず、イスラム教では男性より少ない分け前にしかあずかれない」と述べています。アクバル王があらゆる宗教儀式に反対しているものと理解していた第二子ムラード王子が、宗教儀式はすべて禁止すべきではないかと質したのに対して、アクバル王は即答して次のように反論しています。「肉体的訓練を神聖な信仰の一部とみなす無神経な愚者たちが神に近づこうとするのを妨げるのは、彼らに神をまったく忘れさせてしまうのと同じである。したがって、儀式を全面禁止する必要はない」

また善行の動機をめぐる問題——これは今日でもよく問われる問題ですが——については、「インドの聖者たち」が、死後の世界で好都合な結果が得られるという理由から善行を説いていることをアクバル王は批判し、「徳を求めるのに死後の世界は考えるべきではない、善行は死後の世界への希望や恐れとは無関係に、善行は善であるという理由だけで追求するべきだ」と述べています。一五八二年アクバル王は、力を行使して恩恵を獲得しようとするのは「正義と善行の範囲外」であるとして、「王宮のすべての奴隷」を解放する決断をしています。ついでに触れておくと、アクバル王は、不確定要素が存在する場合には、論理的思考が常に絶対正しいとはかぎらないとも述べています。アクバル王のこのような主張は、ヨーロッパから入ってきた喫煙風習をめぐる彼の議論によく示されています。王の侍医ハキム・

アリが、「ヨーロッパ人の真似をする必要はないし、わが国の賢者による試験を経て証明されていない慣習を採用することはない」と主張したのに対して、アクバル王は「我々の知識にないということだけで世界の人々が取り入れているものを拒絶してはならない、さもなくば進歩はない」と論じて、侍医の意見を無視しました。このような論拠から王は、自らタバコを試しましたが、幸いにもタバコは王の性には合わず、すぐに嫌いになり、二度と吸うことはありませんでした。これはグローバーがブハーリンについて説明した場合とは異なった状況において、論理より本能の方がよりよく機能した例であります。しかし、論理が機能する場合の方が多いのです。

7

イスラム暦による最初の千年紀の終わり（一五九一〜九二年）には、デリーやアグラでさまざまな祝典が盛大に行われましたが、賢明なアクバル王は、新千年紀の始まりは祝典のときであるだけではなく、この世の喜びや恐怖や課題について考え分析してみる機会でもあることを力説しています。アクバル王が論理的思考と分析を強調したことは、文化の境界というものは、よく指摘されるほどには——たとえば正義、権利、論理性、人間愛などは、前述したように主として西洋に特有な価値であるという指摘など——その範囲が限定的ではないことを改めて思い起こさせてくれます。ヨーロッパ啓蒙思想の特質は、すでに触れたように、ヨーロッパだけではなくヨーロッパを超えたより広い世界における問題にもつながるのです。

グレゴリオ暦の第二次千年紀が始まった頃、漂泊のイラン知識人アル・ビールーニーがインドを訪れています。彼は九七三年に中央アジアに生まれましたが、著作にはアラビア語を用いていました。数学者でもあったアル・ビールーニーのインドに対する主たる関心は、インド数学にあり、六世紀インドの数学や天文学についてブラフマグプタがサンスクリット語で書いた論文のアラビア語版——最初に翻訳されたのは八世紀——の改訂版を出しています。また、インドの科学、哲学、文学、言語学、宗教学などについての文献も研究し、*Ta'rikh al-Hind*（『インドの歴史』）

という優れたインド紹介書も書いています。なぜこの本を書いたかについてアル・ビールーニーは、他の国の人々がどのような生活をし、何をどう考えているのかを知るのはきわめて大切だからだ、と述べています。また、かつて自分の庇護者であったガズナ朝のスルタンによる数度にわたるインド侵略を含む人間の野蛮な行為を数々見てきたアル・ビールーニーは、人間の邪悪な行為が他者についての知識と理解の不足から生まれるものであることを指摘して、次のように書いています。

「インド人は、慣習や作法においてすべて我々とは異なる。その違いの大きさは、我々の服装や慣習を見たインドの子供たちが恐怖心を起こすほどであり、その違いの大きさからインド人は我々を悪魔の子とみなし、我々のやり方は正しいやり方とはすべて正反対だとさえ断言するであろう。公正にいって、他者に対するこのような描写は、我々とインド人との間だけではなく、あらゆる人々の間に共通して見られる[31]」

イスラム暦第二次千年紀初頭におけるアル・ビールーニーのこの洞察は、一千年後の今日にも当てはまります。アダム・スミスのいう「最初の認識」を超えるためには、アクバル王のいう疑問視されない伝統の「湿地帯」から脱出し、そして冷静な思考を欠く性急な反応を克服しなければならないのであります。本能的心情や文化的多元性と妥協しない論理には、普遍性があり、それは文化的境界を越えて広がります。そして論理性は、道徳的想像力を培ううえで特に重要な役割を果たします。冒頭で引用した「蝙蝠や梟や気の狂った月」に対応するには、論理性が特に必要になるのです。

（本稿は、著者が『ニューヨーク・レビュー・オブ・ブックス』誌（二〇〇〇年七月二十日号）に発表した論文"East and West: The Reach of Reason"を訳出したものである。）

注

（1） Jonathan Glover, *Humanity: A Moral History of the Twentieth Century* (London: Jonathan Cape, 1999; New Haven, CN: Yale University Press, 2000). 長年にわたってオックスフォード哲学界の先導者であったグローバーの主要著作としては、他に *Responsibility* (New York: Humanities Press, 1970) や *Causing Death and Saving Lives* (London:

Penguin Books, 1977）などがある。グローバーは、現在、キングス・カレッジの医事法律・倫理研究所所長をつとめている。

（2）Vincent Smith, *Akbar: the Great Mogul* (Oxford: Clarendon Press, 1917), p. 257.

（3）アクバル王の思想、統治政策および彼を多元主義に導いた知的影響力などに関する優れた諸論文が、Irfan Habib, editor, *Akbar and His India* (New Delhi: Oxford University Press, 1997）に収録されている。

（4）しかし前世紀が終わる数年前、エリック・ホブズボーム（Eric Hobsbawm）は、*The Age of Extremes: A History of the World, 1914-1991* (New York: Vintage Books, 1994）〔河合秀和訳『20世紀の歴史』上・下、三省堂、一九九六年〕の中で、徹底した二十世紀検証を行っている。Garry Wills の "A Reader's Guide to the Century," (*The New York Review of Books*, July 15, 1999）も参照。

（5）たとえば John Gray, *Enlightenment's Wake: Politics and Culture at the Close of the Modern Age* (London: Routledge, 1995)。また、チャールズ・グリスウォルド（Charles Griswold）による同著の書評である *Political Theory*, Vol. 27 (1999）も参照。

（6）Kenzaburo Oe, *Japan, the Ambiguous, and Myself* (Tokyo: Kodansha, 1995), pp. 118–119.

（7）飢餓の発生原因と防止政策に取り入れるべき要件に関して、著者は *Poverty and Famines: An Essay on Entitlement and Deprivation* (Oxford: Oxford University Press,

1981）〔黒崎卓・山崎幸治訳『貧困と飢饉』岩波現代文庫、二〇一七年〕および Amartya Sen and Jean Drèze, *Hunger and Public Action*（Oxford: Clarendon Press, 1989）の中でも論じている。飢餓防止には、さまざまな政策が求められる。その中で緊急重要性が高いのは所得創出政策——たとえば公共事業による緊急雇用創出政策——である。しかし、長期的観点からすれば、飢餓防止政策には、生産増大政策、特に食糧生産増大政策が含まれなければならない。

（8）　この点についての一連の重要な見通しが、Rajaram Krishnan, Jonathan M. Harris, and Neva R. Goodwin 共同編集による *A Survey of Ecological Economics*（Washington, DC: Island Press, 1995）に示されている。制度と人間の合理的行動の関連性についての洞察性の深い論評が Andreas Papandreou, *Externality and Institutions*（Oxford: Clarendon Press, 1994）で示されている。

（9）　この問題については著者は *On Ethics and Economics*（Blackwell, 1987）〔徳永澄憲・松本保美・青山治城訳『アマルティア・セン講義　経済学と倫理学』ちくま学芸文庫、二〇一六年〕第一章においても論じた。

（10）　これについては Emma Rothschild, *Economic Sentiments*（Cambridge, MA: Harvard University Press, 2001）を参照。

（11）　David Hume, *Enquiries Concerning the Human Understanding and Concerning the Principles of Morals*, edited by L. A. Selby-Bigge（Oxford: Oxford University Press,

1902), p. 172〔斎藤繁雄・一ノ瀬正樹訳『人間知性研究』法政大学出版局、二〇〇四年〕。

(12) Thomas Nagel, *The Last Word* (Oxford University Press, 1997), p. 102〔大辻正晴訳『理性の権利』春秋社、二〇一五年〕。

(13) 態度や感情の発達については、T. M. Scanlon, *What We Owe to Each Other* (Cambridge, MA: Belknap Press of Harvard University Press, 1999) を特に参照。

(14) Adam Smith, *The Theory of Moral Sentiments* (London: T. Cadell, 1790; republished by Oxford University Press, 1976), pp. 319-320〔高哲男訳『道徳感情論』講談社学術文庫、二〇一三年〕。

(15) John Rawls, *Collected Papers*, edited by Samuel Freeman (Cambridge, MA: Harvard University Press, 1999).

(16) Samuel P. Huntington, *The Clash of Civilizations and the Remaking of World Order* (New York: Simon and Schuster, 1996), p. 318〔鈴木主税訳『文明の衝突』集英社、一九九八年〕。

(17) Clifford Geertz, "Culture War," in *The New York Review of Books*, November 30, 1995, and Gananath Obeyesekere, *The Apotheosis of Captain Cook: European Mythmaking in the Pacific* (Princeton: Princeton University Press, 1992)〔中村忠男訳『キャプテン・クックの列聖』みすず書房、二〇一五年〕。

(18) Gertrude Himmelfarb, "The Illusions of Cosmopolitanism," in Martha Nussbaum

with Respondents, *For Love of Country?*（Boston: Beacon Press, 1996）, pp. 74–75.

(19) インドのカレンダーについては、"India Through its Calendars," *The Little Magazine*, Vol. 1, No. 1（New Delhi: 2000）で論じた。

(20) 前掲 *The Clash of Civilizations and the Remaking of World Order*, p. 69を参照。

(21) この問題および関連問題については前掲 *Development as Freedom*（1999）, Chapter 10を参照。

(22) 著者の"Human Rights and Asian Values"（Carnegie Council on Ethics and International Affairs, 1997）を参照。本著の概略は、*The New Republic* 誌（July 14 and 21, 1997）に掲載されている。

(23) Basil Davidson, F. K. Buah, and J. F. Ade Ajayi, *A History of West Africa 1000–1800*（Harlow, England: Longman, new revised edition, 1977）, pp. 286–287.

(24) M. Athar Ali, "The Perception of India in Akbar and Abu'l Fazl," in *Akbar and His India*, edited by Irfan Habib,（New Delhi: Oxford University Press, 1997）, p. 220を参照。

(25) Pushpa Prasad, "Akbar and the Jains," in *Akbar and His India*, edited by Irfan Habib,（前掲）, pp. 97–98を参照。ここでは仏教徒に対する言及がないが、当時デリーやアグラ周辺では仏教徒はすでに見られなくなってしまっていたためであろう。

(26) Iqtidar Alam Khan, "Akbar's Personality Traits and World Outlook: A Critical Appraisal," in *Akbar and His India*（前掲）, p. 96を参照。

(27) Martha Nussbaum, *Cultivating Humanity: A Classical Defense of Reform in Liberal Education* (Cambridge, MA: Harvard University Press, 1997) も参照。

(28) Michael Sandel, *Liberalism and the Limits of Justice* (Cambridge: Cambridge University Press, 2nd edition, 1998), p. 150〔菊池理夫訳『リベラリズムと正義の限界』勁草書房、二〇〇九年〕。

(29) この問題について著者は、*Reason Before Identity: The Romanes Lecture for 1998* (Oxford: Oxford University Press, 1999)〔細見和志訳『アイデンティティに先行する理性』関西学院大学出版会、二〇〇三年〕でも論じた。

(30) New Delhi: National Book Trust, 1994.

(31) *Alberuni's India*, translated by E. C. Sachau, edited by A. T. Embree (New York: Norton, 1971), Part I, Chapter I, p. 20.

解題　センの経済思想と文明思想

山脇直司

この書に収められた四つの論文は、二十世紀末（一九九八年）にノーベル経済学賞を授与されたアマルティア・セン（一九三三〜）が、二〇〇二年二月に日本で行った三つの講演と他の一つの論文から成り立っている。第一章と第二章は、国際文化教育交流財団が主催する「石坂記念講演シリーズ」でなされた二つの記念講演であり、第三章は、東京大学から名誉博士称号を授与された際になされた記念講演であり、第四章は『ニューヨーク・レビュー・オブ・ブックス』誌（二〇〇〇年七月二十日号）に掲載された論文の翻訳である。これらの講演や論文は、現在進行中の「グローバリゼーション」と、従来の国家単位の安全保障に代わる「人間の安全保障」をどのように理解すべきかに焦点が当てられており、単なる経済学者に留まらないセンのスケールの大きな思想がうかがえよう。

以下では、これらの講演・論文を逐次的に解説するのではなく、センの思想にあまり馴染みのない方々のために、経済学者としての彼の独創性を紹介すること（一節）から始め、次いで彼の、自由としての人間開発論（二節）、グローバル化の負の側面と人間の安全保障論（三節）、文明間相互理解の論理とグローバル化の再評価（四節）という順で、体系的に解説することにしたい。

1 厚生経済学の革新者

センは、生まれ育ったインドのベンガル州で、幼い頃、大飢饉を経験し、それが天災ではなく人災であるという確信から経済学を学ぶことを決め、イギリスのケンブリッジ大学で学位を得た。その後の彼は、学者として華々しい業績を残し、一九九八年にノーベル経済学賞を得たが、受賞理由は「厚生経済学 welfare economicsへの貢献」であった。厚生経済学とは、彼が学んだケンブリッジ大学の先達アルフレッド・マーシャル（一八四二〜一九二四）とアーサー・セシル・ピグー（一八七七〜一九五九）に由来する学問である。

マーシャルは、経済学をあまりに倫理色の強い道徳哲学から切り離し、専門科学としての経済学を独立させ、生物学的な隠喩を用いて経済の均衡や発展法則の理論化を試みたことで知られている。しかし彼は他方で、経済学を「一面においては富の研究であるが、他の重要な側面においては人間の研究である」と明言し、人間性を堕落させる貧困を除去し、人々に健康で文化的な生活を送る機会を与えるようにすることこそ、経済学の課題とみなしていた。そして彼が考えた貧困対策は、所得の再分配ではなく、企業の生産性を高めることによって、人々の所得を倍増することであった。そのマーシャルが後継者に指名したピグーは、厚生経済学 Economics of Welfare という学問を明示的に唱え、それを「人間生活の改良の道具を探求する学問」と定義した。ピグーは、「国民所得の大きさ・所得の再分配・その安定」の三点セットが増すごとに、一国の厚生＝福祉が増大するというヴィジョンを提示している。

しかし、このような厚生経済学の構想は、その後、人々の効用（満足度）を比較測定できないという理由で、単に数理的・形式的レベルでの効用関数としてのみ経済規範を考える「新厚生経済学」へと変化していく。新厚生経済学が主要なテーマとしたのは、経済資源の適正配分についてであり、そこで規範の基準として想定されるのは、「他の人々の効用を低下させることなくしては、誰の効用も高めることのできない状態」と定義される「パレート最適（オプティマム）」だけである。そして、こうしたパレート最適が無数に存在しうることから、その優劣を判断するために、社会的厚生関数という考えが、アメリカの経済学者エイブラム・バーグソンやポール・サミュエルソンによって導入された。これに対し、同じくアメリカの経済学者ケネス・アロー（一九七二年のノーベル経済学賞受賞者）は、社会構成員の個人の価値判断を集計して得られる社会的厚生関数（社会的価値判断）は、民主主義的な合意ではなく、全体主義とも両立しうるという見解を打ち出したため、新厚生経済学は低迷をきわめることになった。

センの経済学の功績は、こうした厚生経済学の低迷を根本から打破するようなラジカルなパラダイム（理論的枠組）を提供したことにある。アローの研究方法は社会的選択論social choice theoryと呼ばれており、この分野でも名高いセンは、パレート最適のみに固執するパラダイムを「合理的愚か者rational fool」と呼び批判したのみならず、「人間生活の諸機能functionings」と「潜在能力（ケイパビリティcapabilities）」という独自の新しいパラダイムを創案して、厚生経済学の一新を企てた。センのいう諸機能とは、栄養状態が良好なこと、回避できる病気にかからないことや早死にしないこと、自尊心を持つことや社会生活に積極的に参加できることなど、さまざまな生活状態を表す概念である。そして、どの機能を選び、どのような比重を与えるかを選択する能力が「潜在能力」であって、それは、「我々が十分な理由を持って価値あるものと認めるような諸目的を追求する自由」をも意味している。

このような観点の下、センは「平等」の意味を、次のように再解釈していく。すなわち、従来の経済学は主に「所得」という観点からのみ、平等や不平等を捉えがちであった。しかし、人ができることやできないことの不平等は、単に所得だけに関連しているわけではなく、たとえば、身体の不自由な人の困窮の程度は、そうでない人の困窮の程度よりもずっと悲惨な場合が多い。それゆえ、平等とは「各自の潜在能力を十分に発揮できることの公正さ」と考えられなければならない。そして、所与の自然的・社会的境遇においてハンディキャップをかかえる人が多く存在している以上、この点を配慮し是正するような公共政策こそが平等を実現する（この点については、『不平等の再検討』池本幸生ほか訳、岩波書店、一九九九年を参照されたい）。

ここからセンは、「福祉 well-being の評価」についても、違った観点を採ることになる。すなわち、福祉の達成とは、さまざまな「機能」が達成されていくプロセスにほかならず、したがって、所得水準が高くても、犯罪率が高く、栄養不良状態で早死にする人が多いような地域は、所得水準が低くても、犯罪率が低く、栄養状態も良好で、平均寿命が長い地域に比べて福祉水準が低いとみなされなければならないのである。センはその好例として、アメリカに住むアフリカ系アメリカ人とインドのケララ州に住む人々を挙げ、前者の方が後者より所得水準が高いのに、犯罪率が高く、平均寿命が短いということは、まさに「諸機能の達成」という観点から、後者の福祉水準の方が高いことを意味すると明言している。

以上が、厚生経済学のラジカルな革新者という側面であるが、グローバルなレベルでセンは経済問題をどのように捉えているであろうか。次にそれを述べてみよう。

2 「自由としての人間開発」論

一九九九年に出版された*Development as Freedom*（邦訳名『自由と経済開発』石塚雅彦訳、日本経済新聞社、二〇〇〇年）は、センの著作の中でも、専門家以外にも広く読まれ、今なおインパクトを与え続けている書物である。この書でセンは、開発を国民総生産の成長所得（GNP）、個人所得の上昇、技術進歩などとみなす従来の狭い見方から訣別し、人々が享受する「実質的な自由の拡大のプロセス」として捉える見方を提唱した。実質的自由とは、「政治参加の自由」や「基礎教育や医療を受ける機会」などを意味し、GNPや個人所得の増大は、実質的自由のための「手段」ではあっても「目的」ではないと、彼はみなすのである。それゆえ、経済開発はそうした自由を阻害している主要要因を取り除くことに、主眼を置かなければならない。貧困と圧制、経済機会の欠乏と系統的な社会的窮乏、公共的施設の欠如と抑圧的国家の不寛容などは、まさに自由の阻害要因であり、それらを考慮しない開発独裁型の経済開発論は批判されるべきである。

こうした考えに立脚しつつ、センは「貧困」を単なる物質的窮乏ではなくて、「潜在能力の剝奪」と定義する。潜在能力の剝奪とは、人が「価値ある生活を送るための自由を奪われている」という意味にほかならない。この観点からみれば、所得は高いが政治参加の機会がない人や、他の多くの人たちより金持ちだけれども治療に多額の費用を要する病気に罹っている人などは、貧しいとみなされる。ジェンダー差別によって、潜在能力を奪われた世界中の多くの女性たち、教育機会を奪われている多くの子どもたちは、貧困の只中にいると考えられる。したがって、貧困克服のための開発計画には、政治参加の自由、医療保障、女性の経済的自立を可能にする雇用政策、子どもの教育権の確立などが含まれなければならないのである。

このセンの開発論は、彼の友人であったパキスタン人の経済学者マブーブル・ハックを通して国連開発計画UNDPにも影響を及ぼした。そこでは、保健、教育、所得という人間開発に関する指数（HDI）の他に、不平等調整済み人間開発指数（IHDI）、多次元貧困指数（MPI）、ジェンダー不平等指数（GII）の四種類が挙げられている（国連開発計画駐日代表事務所のホームページ http://www.jp.undp.org/content/tokyo/ja/home/library/human_development/human_development1/hdr_2011/QA_HDR.htmlより［二〇一七年七月二七日］）。また、同じくUNDPによれば、「一つの国家以上に受益され、すべての国家、すべての世代に便益を与えるという方向がはっきりしているもの」として地球的公共財（公共善）Global Public Goodsが定義され、オゾン層や大気・気象などの「地球的規模での自然的共有財」、普遍的人権などの世界共通の規範・原則や科学知識やインターネットなどの「地球的規模での人為的共有財」、さらには、平和・健康・金融安定など「地球規模での政策の所産」などが挙げられている。そして、これらに対応する地球的公共悪Global Public Badsとして、オゾン層の減少と放射線の増加や地球温暖化のリスク、人権侵害と不正・不平等、情報をめぐる格差と排除、戦争・紛争、疾病や金融危機などが挙げられている(インゲ・カール他『地球公共財』FASID国際開発研究センター訳、日本経済新聞社、一九九九年を参照のこと)。

3 グローバル化の負の側面と人間の安全保障論

本書の表題でもあるセンの「グローバル化と人間の安全保障」論は、まさにこのような彼の開発論を踏まえて理解されなければならない。本書に収められた講演や論文を貫いているのは、グローバル化が、人間の実質的自由と地球的公共財(公共善)の実現に貢献するという「正の側面」と、地球的公共悪の増大と結びつくという「負の側面」をも併せ持つというアンビバレントな見解であり、後者を克服するための「人間の安全保障」論の提唱である。このスタンスは、現在進行中のグローバル化を悪とみて、これを阻止しようという反グローバリズム運動とも、グローバル化がそのまま人類の繁栄をもたらすと考えるグローバル主義とも一線を画した考えと言ってよい。

石坂記念講演第一章で強調されるように、センにとって、グローバル化を西洋化と同一視する見方は間違いであり、グローバル化は基本的に、国境や文明の違いを超えて、人類の絆を強めるものである。現在進行中のグローバル化も、それが人間の実質的自由と地球的公共財（公共善）の促進をもたらすものである限り、好ましい。しかし彼はまた、現在のグローバル化が、その恩恵（実質的自由と地球的公共財）を全人類に「公正」に与えていないがゆえに、インターネットなどのグローバルな手法に頼るような形で、反グローバリズム運動が起こっており、反グローバリズム運動自体が、最もグローバルな現象を示しているとみなす。したがって、今日重要なのは、グローバル化そのものに反対することではなく、グローバル化がもたらす負の側面、特に人々の間に広がる「不平等の解消」と、弱い立場に置かれている人々の「生活の安全保障」とを可能にするような公共政策の実施である。

小渕元首相の呼びかけに始まり、二〇〇一年に設立された「人間の安全保障委員会」の共同議長に緒方貞子氏と共になったセンは、「国家の安全保障」と区別された「人間の安全保障 human securities」を、「人間の生命をむしばむ危険や不安を軽減し、可能な場合には取り除くこと」「不安定のこうむるリスクを減らすこと」と定義している。「自由としての開発」が、人間の生命を制約・束縛し可能性の開花を阻害するさまざまな障害を取り除くことを主眼とするのに対し、人間の安全保障は、「状況が悪化する危険性」に直接関心を向けることによって、開発の性質を補うものと規定される。HIVエイズやマラリアのほか、SARS、鳥インフルエンザ、エボラ出血熱のような感染症が発生した場合、また、一九九七年七月にタイで起こった経済危機や二〇〇一年九月十一日以降のテロリズム、さらには武器の自由な売買等々、人々の生活安全を脅かす事態に迅速に対処できる体制を構築することが、人間の安全保障プログラムの緊急課題である（この点に関しては、セン『人間の安全保障』東郷えりか訳、集英社新書、二〇〇六年をも参照されたい）。

石坂記念講演第二章は、そのような人間の安全保障論を、セン独自の「市場経済と民主主義的制度」論で肉づけしたものと言えよう。センは、社会主義者と異なり、市場経済の意義を高く評価する一方で、市場原理主義者とも異なり、市場メカニズムが「さまざまな制度の民主主義的な運営」によって初めてうまく機能するとみなす。特に彼が強調するのは、市民の権利、基本的人権、自由で開放されたメディア、基本的教育と健康管理を提供してくれる施設、経済的セーフティ・ネット、女性の自由と権利を保護する諸制度などである（五七頁）。こうした諸制度が民主主義的に運営され、ヒューマン・セキュリティのない状態に置かれている弱者のために、教育制度や医療制度が確立されることによって初めて、グローバル化がもたらす不公平が克服され、グローバル化の恩恵の公平で公正な配分も可能となるであろうと、センは考えるのである。

4　文明間相互理解の論理とグローバル化の再評価

さて、東西冷戦が終焉し、グローバル化が進行する中で、ハーバード大学の国際政治学者サミュエル・ハンチントンが著した『文明の衝突』は、大きな論議を引き起こしたが、これに対するセンの見解は、第三章の講演が示すように、徹底的にネガティブである。センによれば、「イスラム文明」「キリスト教文明」「ヒンドゥー文明」「仏教文明」などのように、宗教に基づいて文明を区分し、地球社会を区分する見方自体が誤っている。たとえば、インドに住む多くのイスラム教徒を無視してインドをヒンドゥー文明と呼ぶことなど到底できない。したがって、文明の衝突論を語ることは、そういう誤った地球社会(世界)区分を受け入れることになるのでできない、とセンは裁断する。

センにとって、人間のアイデンティティは単一ではなく、多様で複合的な要素に満ちており、その中から各自が自由に選び取っていくところに、人間の理性や自由の本質が存在する。この観点からセンはまた、政治哲学の領域で論争となった「リベラル(自由主義者)とコミュニタリアン(共同体主義者)」との論争に対しては、はっきりとリベラルに与している。彼の見解では、コミュニティによって人間のアイデンティティが規定されたり発見されたりするというコミュニタリアンの考えは、人間の選択の自由と理性を過小評価するものであり、受け入れることができない。とりわけ彼が他の論文で批判の矛先を向けているのは、シンガポールのリー・クアンユー元首相が唱えた「文化決定論」である。リー元首相は、民主主義や人権思想を、西洋特有の文化価値であるという理由で拒否し、シンガポールでのいわゆる「開発独裁」型の政治体制を、アジア的な文化論の名によって正当化した。このような正当化は、個人の自由な選択という価値に重きを置くセンの思想とは、相容れないのである。

第四章論文で強調されるように、センによれば、西欧にも、プラトンのような反民主主義思想やキリスト教の異端審問のような非寛容思想が根強く存在したのであり、アジアには、アショカ王のような女性を含む民衆の基本的自由や寛容を尊ぶような自由思想や、アクバル王のような多文化主義擁護論も存在した。特に、四百年前に生きたアクバル王は、シーア派、スンニ派、スーフィ派などを含むムスリム哲学者たちと、キリスト教徒、ユダヤ教徒、パールシー教徒、ジャイナ教徒、さらには無神論者たちとの対話の場を設定し、相互理解を深めようとした。今日、文明間の対話がなされうるとしたら、そのような形での相互理解が必要であり、そこで果たす「理性的・普遍的な論理」と「自由な選択」をセンは重視している。

このような観点から、石坂記念講演第一章を読み返すと、センがグローバル化を

「諸文明の相互理解のチャンス」として捉えていることがより鮮明になる。センは、前述のように、現代のグローバル化が引き起こしている負の側面の認識と克服を唱えているものの、グローバル化という現象を西洋化や帝国主義化と同一視する見方を採らない。グローバル化は、過去数千年にわたって、旅行、交易、民族移動、文化的影響力の拡散、科学技術に関する知識と理解の普及などを通じて、世界文明に貢献してきた点で、積極的に再評価されなければならないのである。たとえば、西暦一〇〇〇年頃のハイテクは中国から世界に伝播されたものであり、インドで生まれ発達した十進法は、すぐにアラビア世界の数学に利用され、後にヨーロッパ世界に広まった。また、印刷技術は中国で発明され、その技術によって印刷された最初の本の中身は、サンスクリット語による仏教についての注解書であり、それを中国語に訳したのはインド人とトルコ人の間に生まれた学者であった。それればかりではない。センは、仏教と儒教の良さを取り入れ、西洋近代から多くを学んで近代化に成功した日本の経験も引き合いに出し、相互理解と相互学習の重要さと、グローバル化の正の側面を説いている。

日本の経験に関する評価はやや好意的過ぎるとはいえ、センのこのようなグローバル化と文明間対話の論理は、二十一世紀に生きる我々に、大きな希望を与えると同時に、諸文明を理解するための謙虚で真摯な態度を求めるものと言えよう。

山脇直司（やまわき・なおし）一九四九年生まれ。一橋大学経済学部卒業。上智大学大学院哲学研究科修士課程修了。ミュンヘン大学にて哲学博士号を取得。上智大学文学部準教授、東京大学大学院総合文化研究科教授などを経て、現在、星槎大学副学長・東京大学名誉教授。専門は公共哲学、社会思想史。著書に『公共哲学とは何か』『社会思想史を学ぶ』（以上、ちくま新書）、『公共哲学からの応答』（筑摩選書）などがある。

震災画報　宮武外骨

混乱時のとんでもない人のふるまいや、同じ町内で生死を分けた原因等々を詳述する、外骨による関東大震災の記録。人間の生の姿がそこに。（吉野孝雄）

独裁体制から民主主義へ　ジーン・シャープ　瀧口範子訳

すべての民主化運動の傍らに本書が。独裁体制を研究しつくした著者が示す非暴力による権力打倒の実践的方法。「非暴力行動の198の方法」付き。本邦初訳。

アメリカ様　宮武外骨

占領という外圧によりもたらされた主体性のない言論の自由の脆弱さを、体を張って明らかにした、ジャーナリズムの記念碑的名著。（西谷修／吉野孝雄）

組織の限界　ケネス・J・アロー　村上泰亮訳

現実の経済において、個人より重要な役割を果たす組織。その経済学的分析はいかに可能か。ノーベル賞経済学者による不朽の組織論講義！（坂井豊貴）

資本主義から市民主義へ　岩井克人　聞き手＝三浦雅士

来るべき市民主義とは何か。貨幣論に始まり、資本主義論、法人論、信任論、市民社会論、人間論まで、多方面にわたる岩井理論がこれ一冊でわかる！

有閑階級の理論［新版］　ソースタイン・ヴェブレン　村井章子訳

流行の衣服も娯楽も教養も「見せびらかし」にすぎない。野蛮時代に生じたこの衒示的消費の習慣はどう進化したか。ガルブレイスの解説を付す新訳版。

資本論に学ぶ　宇野弘蔵

マルクスをいかに読み、そこから何を考えるべきか。『資本論』を批判的に継承し独自の理論を構築した泰斗がその精髄を平明に説き明かす。（白井聡）

社会科学としての経済学　宇野弘蔵

資本主義の原理は、イデオロギーではなく科学的態度によってのみ解明できる。マルクスの可能性を極限まで突き詰めた宇野理論の全貌。（大黒弘慈）

満足の文化　J・K・ガルブレイス　中村達也訳

なぜ選挙で何も変わらないのか。それは政財官学が作り出した経済成長の物語に、多くの人がのっかっているからだ。先進資本主義社会の病巣に迫る。

日本の経済統制　中村隆英

戦時中から戦後にかけて経済への国家統制とはどのようなものであったのか。その歴史と内包する論理を実体験とともに明らかにした名著。（岡崎哲二）

第二の産業分水嶺　マイケル・J・ピオリ／チャールズ・F・セーブル　山之内靖／永易浩一／菅山あつみ訳

資本主義の根幹をなすのは生産過程である。各国の産業構造の変動を歴史的に検証し、20世紀後半から成長が停滞した真の原因を解明する。（水野和夫）

ポランニー・コレクション
経済と自由　カール・ポランニー　福田邦夫ほか訳

二度の大戦を引き起こした近代市場社会の問題点をえぐり出し、真の平和に寄与する社会科学の構築を目指す。ポランニー思想の全てが分かる論稿集。

経済思想入門　松原隆一郎

スミス、マルクス、ケインズら経済学の巨人たちは、どのような問題に対峙し思想を形成したのか。その今日的意義までを視野に説く、入門書の決定版。

ドーキンス vs. グールド　キム・ステルレルニー　狩野秀之訳

「利己的な遺伝子」か「断続平衡説」か？　両者の視点を公正かつ徹底的に検証して、生物進化における大論争に決着をつける。（新妻昭夫）

自己組織化と進化の論理　スチュアート・カウフマン　米沢富美子監訳　森弘之ほか訳

すべての秩序は自然発生的に生まれる、この「自己組織化」に則り、進化や生命のネットワーク、さらに経済や民主主義にいたるまで解明。

私の植物散歩　木村陽二郎

日本の四季を彩る樹木や草木。本書は、植物学者がそれら一つ一つを、故事を織り交ぜつつ書き綴った随筆集である。美麗な植物画を多数収録。（坂崎重盛）

デカルトの誤り　アントニオ・R・ダマシオ　田中三彦訳

脳と身体は強く関わり合っている。脳の障害がもたらす情動の変化を検証し「我思う、ゆえに我あり」というデカルトの心身二元論に挑戦する。

心はどこにあるのか　ダニエル・C・デネット　土屋俊訳

動物に心はあるか、ロボットは心をもつか、そもそも心はいかにして生まれたのか。いまだ解けないこの謎に、第一人者が真正面から挑む最良の入門書。

緑の資本論　中沢新一

『資本論』の核心である価値形態論を一神教的に再構築することで、自壊する資本主義からの脱出の道を考察した、画期的論考。（矢田部和彦）

反＝日本語論　蓮實重彦

仏文学者の著者、フランス語を母国語とする夫人、日仏両語で育つ令息。三人が遭う言語的葛藤から見えてくるものとは？（シャンタル蓮實）

橋爪大三郎の社会学講義　橋爪大三郎

この社会をどう見、どう考え、どう対すればよいのか。自分の頭で考えるための基礎訓練をしよう。世界の見方が変わる骨太な実践的講義。新編集版。

橋爪大三郎の政治・経済学講義　橋爪大三郎

政治は、経済は、どう動くのか。この時代を生きるために、日本と世界の現実を見定める目を養い、考える材料を蓄え、構想する力を培う基礎講座！

フラジャイル　松岡正剛

なぜ、弱さは強さよりも深いのか？　薄弱・断片・あやうさ・境界・異端……といった感覚に光をあて、「弱さ」のもつ新しい意味を探る。（高橋睦郎）

言葉とは何か　丸山圭三郎

言語学・記号学についての優れた入門書。ソシュール研究の泰斗が、平易な語り口で言葉の謎に迫る。術語・人物解説、図書案内付き。（中尾浩）

ニーチェは、今日？　デリダ／ドゥルーズ／リオタール／クロソウスキー　林好雄ほか訳

クロソウスキーの〈陰謀〉、リオタールの〈メタモルフォーズ〉、ドゥルーズの〈脱領土化〉、デリダの〈脱構築的読解〉の白熱した討論。

ニーチェ　オンフレ／ロワ　國分功一郎訳

現代哲学の扉をあけた哲学者ニーチェ。激烈な思想に似つかわしくも激しいその生涯を描く。フランス発のオールカラー・グラフィック・ノベル。

宗教の理論　ジョルジュ・バタイユ　湯浅博雄訳

聖なるものの誕生から衰滅までをつきつめ、宗教の根源的核心に迫る。文学、芸術、哲学、そして人間にとって宗教の〈理論〉とは何なのか。

空間の詩学
ガストン・バシュラール
岩村行雄訳

家、宇宙、貝殻など、さまざまな空間が喚起する詩的イメージ。新たなる想像力の現象学を提唱し、人間の夢想に迫るバシュラール詩学の頂点。

リキッド・モダニティを読みとく
ジグムント・バウマン
酒井邦秀訳

変わらぬ確かなものなどもはや何一つない現代世界。社会学の泰斗が身近な出来事や世相から〈液状化〉の具体相に迫る真摯で痛切な論考。文庫オリジナル。

社会学の考え方〔第2版〕
ジグムント・バウマン／ティム・メイ
奥井智之訳

日常世界はどのように構成されているのか。日々変化する現代社会をどう読み解くべきか。読者を〈社会学的思考〉の実践へと導く最高の入門書。新訳。

ウンコな議論
ハリー・G・フランクファート
山形浩生訳／解説

ごまかし、でまかせ、いいのがれ。なぜ世の中、こんなものがみちるのか。道徳哲学の泰斗がその正体とカラクリを解く。爆笑必至の訳者解説を付す。

世界リスク社会論
ウルリッヒ・ベック
島村賢一訳

迫りくるリスクは我々から何を奪い、何をもたらすのか。『危険社会』の著者が、近代社会の根本原理をくつがえすリスクの本質と可能性に迫る。

民主主義の革命
エルネスト・ラクラウ／シャンタル・ムフ
西永亮／千葉眞訳

グラムシ、デリダらの思想を摂取し、根源的で複数的なデモクラシーへ向けて、新たなヘゲモニー概念を提示した、ポスト・マルクス主義の代表作。

人間の条件
ハンナ・アレント
志水速雄訳

人間の活動的生活を《労働》《仕事》《活動》の三側面から考察し、《労働》優位の近代世界を思想史的に批判したアレントの主著。（阿部齊）

革命について
ハンナ・アレント
志水速雄訳

《自由の創設》をキイ概念としてアメリカとヨーロッパの二つの革命を比較・考察し、その最良の精神を二〇世紀の惨状から救い出す。（川崎修）

暗い時代の人々
ハンナ・アレント
阿部齊訳

自由が著しく損なわれた時代を自らの意思に従い行動し、生きた人々。政治・芸術・哲学への鋭い示唆を含み描かれる普遍的人間論。（村井洋）

責任と判断
ハンナ・アレント
ジェローム・コーン編
中山元訳

思想家ハンナ・アレント後期の未刊行論文集。人間の責任の意味と判断の能力を考察し、考える能力の喪失により生まれる〈凡庸な悪〉を明らかにする。

資本論を読む（全3巻）
ルイ・アルチュセール他
今村仁司訳

マルクスのテクストを構造論的に把握して画期をなした論集。のちに二分冊化されて刊行された共同研究（一九六五年）の初版形態の完訳。

哲学について
ルイ・アルチュセール
今村仁司訳

カトリシズムの救済の理念とマルクス主義の解放の思想との統合をめざしフランス現代思想を領導した孤高の哲学者。その到達点を示す歴史的文献。

スタンツェ
ジョルジョ・アガンベン
岡田温司訳

西洋文化の豊饒なイメージの宝庫を自在に横切り、愛・言葉そして喪失の想像力が表象に与えた役割をたどる。21世紀を牽引する哲学者の博覧強記。

アタリ文明論講義
ジャック・アタリ
林昌宏訳

歴史を動かすのは先を読む力だ。混迷を深める現代文明の行く末を見通し対処するにはどうすればよいのか。「欧州の知性」が危難の時代を読み解く。

プラトンに関する十一章
アラン
森進一訳

『幸福論』が広く静かに読み継がれているモラリスト、アラン。卓越した哲学教師でもあった彼が平易かつ明快にプラトン哲学の精髄を説いた名著。

コンヴィヴィアリティのための道具
イヴァン・イリイチ
渡辺京二／渡辺梨佐訳

破滅に向かう現代文明の大転換はまだ可能だ！人間本来の自由と創造性が最大限活かされる社会をどう作るか。イリイチが遺した不朽のマニフェスト。

重力と恩寵
シモーヌ・ヴェイユ
田辺保訳

「重力」に似たものから、どのようにして免れればよいのか……ただ「恩寵」によって。苛烈な自己無化への意志に貫れた、独自の思索の断想集。ティボン編。

ヴェーユの哲学講義
シモーヌ・ヴェーユ
渡辺一民／川村孝則訳

心理学にはじまり意識・国家・身体を考察するリセ最高学年哲学学級で一年にわたり行われた独創的かつ自由な講義の記録。ヴェーユの思想の原点。

工場日記 シモーヌ・ヴェイユ 田辺保訳

人間のありのままの姿を知り、愛し、そこで生きたい――女工となった哲学者が、極限の状況で自己犠牲と献身について考え抜き、克明に綴った、魂の記録。

論理哲学論考 L・ウィトゲンシュタイン 中平浩司訳

世界を思考の限界にまで分析し、伝統的な哲学問題すべてを解消する――二〇世紀哲学を決定づけた著者の野心作。生前刊行した唯一の哲学書。新訳。

青色本 L・ウィトゲンシュタイン 大森荘蔵訳

「語の意味とは何か」。端的な問いかけで始まるこのコンパクトな書は、初めて読むウィトゲンシュタインとして最適な一冊。（野矢茂樹）

法の概念〔第3版〕 H・L・A・ハート 長谷部恭男訳

法とは何か。ルールの秩序という観念でこの難問に立ち向かい、法哲学の新たな地平を拓いた名著。批判に応える「後記」を含め、平明な新訳でおくる。

解釈としての社会批判 マイケル・ウォルツァー 大川正彦／川本隆史訳

社会の不正を糺すのに、普遍的な道徳を振りかざすだけでは有効でない。暮らしに根ざしながら同時にラディカルな批判が必要だ。その可能性を探究する。

ポパーとウィトゲンシュタインとのあいだで交わされた世上名高い10分間の大激論の謎 デヴィッド・エドモンズ／ジョン・エーディナウ 二木麻里訳

このすれ違いは避けられない運命だった？ 二人の思想の歩み、そして大激論の真相に、ウィーン学団の人間模様やヨーロッパの歴史的背景から迫る。

大衆の反逆 オルテガ・イ・ガセット 神吉敬三訳

二〇世紀の初頭、《大衆》という現象の出現とその功罪を論じながら、自ら進んで困難に立ち向かう《真の貴族》という概念を対置した警世の書。

死にいたる病 S・キルケゴール 桝田啓三郎訳

死にいたる病とは絶望であり、絶望を深く自覚し神の前に自己をすてる。実存的な思索の深まりをデンマーク語原著から訳出し、詳細な注を付す。

ニーチェと悪循環 ピエール・クロソウスキー 兼子正勝訳

永劫回帰の啓示がニーチェに与えたものは、同一性の下に潜在する無数の強度の解放である。二十一世紀にあざやかに蘇る、逸脱のニーチェ論。

世界制作の方法
ネルソン・グッドマン
菅野盾樹訳
世界は「ある」のではなく、「制作」されるのだ。芸術・科学・日常経験・知覚など、幅広い分野で徹底した思索を行ったアメリカ現代哲学の重要著作。

新編 現代の君主
アントニオ・グラムシ
上村忠男編訳
労働運動を組織しイタリア共産党を指導したグラムシ。獄中で綴られたそのテキストから、いま読み直されるべき重要な29篇を選りすぐり注解する。

ハイデッガー『存在と時間』註解
マイケル・ゲルヴェン
長谷川西涯訳
難解をもって知られる『存在と時間』全八三節の思考を、初学者にも一歩一歩追体験させ、高度な内容を読者に確信させ納得させる唯一の註解書。

色彩論
ゲーテ
木村直司訳
数学的・機械論的近代自然科学と一線を画し、自然の中に「精神」を読みとろうとする特異で巨大な自然観を示した思想家・ゲーテの不朽の業績。

倫理問題101問
マーティン・コーエン
榑沼範久訳
何が正しいことなのか。医療・法律・環境問題等、私たちの周りに溢れる倫理的なジレンマから101の題材を取り上げて、ユーモアも交えて考える。

哲学101問
マーティン・コーエン
矢橋明郎訳
全てのカラスが黒いことを証明するには？ コンピュータと人間の違いは？ 哲学者たちが頭を捻った101問を、譬話で考える楽しい哲学読み物。

マラルメ論
ジャン＝ポール・サルトル
渡辺守章／平井啓之訳
思考の極北で〈存在〉そのものを問い直す形而上学的〈劇〉を生きた詩人マラルメ――固有の方法的批判により文学の存立の根拠をも問う白熱の論考。

存在と無（全3巻）
ジャン＝ポール・サルトル
松浪信三郎訳
人間の意識の在り方（実存）をきわめて詳細に分析し、存在と無の弁証法を問い究め、実存主義を確立した不朽の名著。現代思想の原点。

存在と無 I
ジャン＝ポール・サルトル
松浪信三郎訳
I巻は、「即自」と「対自」が峻別される緒論「存在の探求」から、「対自」としての意識の基本的在り方が論じられる第二部「対自存在」まで収録。

存在と無Ⅱ
ジャン＝ポール・サルトル
松浪信三郎訳
Ⅱ巻は、第三部「対他存在」を収録。私と他者との相剋関係を論じた「まなざし」論をはじめ、愛、憎悪、マゾヒズム、サディズムなど具体的な他者論を展開。

存在と無Ⅲ
ジャン＝ポール・サルトル
松浪信三郎訳
Ⅲ巻は、第四部「持つ」「為す」「ある」を収録。この三つの基本的カテゴリーとの関連で人間の行動を分析し、絶対的自由を提唱。（北村晋）

公共哲学
マイケル・サンデル
鬼澤忍訳
経済格差、安楽死の幇助、市場の役割など、私達が現代の問題を考えるのに必要な思想とは？ハーバード大講義で話題のサンデル教授の主著、初邦訳。

パルチザンの理論
カール・シュミット
新田邦夫訳
二〇世紀の戦争を特徴づける「絶対的な敵」殲滅の思想の端緒を、レーニン・毛沢東らの《パルチザン》戦争という形態のなかに見出した画期的論考。

政治思想論集
カール・シュミット
服部平治／宮本盛太郎訳
現代新たな角度で脚光をあびる政治哲学の巨人が、その思想の核を明かしたテクストを精選して収録。権力の源泉や限界といった基礎もわかる名論文集。

神秘学概論
ルドルフ・シュタイナー
高橋巖訳
宇宙論、人間論、進化の法則と意識の発達史を綴り、シュタイナー思想の根幹を展開する——四大主著の一冊、渾身の訳し下し。（笠井叡）

神智学
ルドルフ・シュタイナー
高橋巖訳
神秘主義的思考を明晰な思考に立脚した精神科学へと再編し、知性と精神性の健全な融合をめざしたシュタイナーの根本思想。四大主著の一冊。

いかにして超感覚的世界の認識を獲得するか
ルドルフ・シュタイナー
高橋巖訳
すべての人間には、特定の修行を通して高次の認識を獲得できる能力が潜在している。その顕在化のための道すじを詳述する不朽の名著。

自由の哲学
ルドルフ・シュタイナー
高橋巖訳
社会の一員である個人の究極の自由はどこに見出されるのか。思考は人間に何をもたらすのか。シュタイナー全業績の礎をなしている認識論哲学。

治療教育講義
ルドルフ・シュタイナー
高橋巖訳
障害児が開示するのは、人間の異常性ではなく霊性である。人智学の理論と実践を集大成したシュタイナー晩年の最重要講義。改訂増補決定版。

人智学・心智学・霊智学
ルドルフ・シュタイナー
高橋巖訳
身体・魂・霊に対応する三つの学が、霊視霊聴を通じた存在の成就への道を語りかける。人智学協会の創設へ向け最も注目された時期の率直な声。

ジンメル・コレクション
ゲオルク・ジンメル
北川東子編訳
鈴木直訳
都会、女性、モード、貨幣をはじめ、取っ手や橋・扉にまで哲学的思索を向けた「エッセーの思想家」の姿を一望する新編・新訳のアンソロジー。

否定的なもののもとへの滞留
スラヴォイ・ジジェク
酒井隆史/田崎英明訳
ラカンの精神分析手法でポストモダン的状況を批評してきた著者が、この大部なる主著でドイツ観念論に対峙し、否定性を生き抜く道を提示する。

宴のあとの経済学
E・F・シューマッハー
長洲一二監訳
伊藤拓一訳
『スモール イズ ビューティフル』のシューマッハー最後の書。地産地消を軸とする新たな経済共同体の構築を実例をあげ提言する。（中村達也）

私たちはどう生きるべきか
ピーター・シンガー
山内友三郎監訳
社会の10%の人が倫理的に生きれば、政府が行う社会変革よりもずっと大きな力となる――環境・動物保護の第一人者が、現代に生きる意味を鋭く問う。

自然権と歴史
レオ・シュトラウス
塚崎智/石崎嘉彦訳
自然権の否定こそが現代の深刻なニヒリズムをもたらした。古代ギリシアから近代に至る思想史を大胆に読み直し、自然権論の復権をはかる20世紀の名著。

生活世界の構造
アルフレッド・シュッツ/トーマス・ルックマン
那須壽監訳
「事象そのものへ」という現象学の理念を社会学研究で実践し、日常を生きる「普通の人びと」の視点から日常生活世界の「自明性」を究明した名著。

悲劇の死
ジョージ・スタイナー
喜志哲雄/蜂谷昭雄訳
現実の「悲劇」性が世界をおおい尽くしたとき、劇形式としての悲劇は死を迎えた。二〇世紀の悲惨を目のあたりにして描く、壮大な文明批評。

ちくま学芸文庫

アマルティア・セン講義《こうぎ》
グローバリゼーションと人間《にんげん》の安全保障《あんぜんほしょう》

二〇一七年九月十日　第一刷発行

著者　アマルティア・セン
訳者　加藤幹雄（かとう・みきお）
発行者　山野浩一
発行所　株式会社　筑摩書房
東京都台東区蔵前二―五―三　〒一一一―八七五五
振替〇〇一六〇―八―四一二三
装幀者　安野光雅
印刷所　中央精版印刷株式会社
製本所　中央精版印刷株式会社

乱丁・落丁本の場合は、左記宛にご送付ください。
送料小社負担でお取り替えいたします。
ご注文・お問い合わせも左記へお願いします。
筑摩書房サービスセンター
埼玉県さいたま市北区櫛引町二―六〇四　〒三三一―八五〇七
電話番号　〇四八―六五一―〇〇五三

ISBN978-4-480-09819-1 C0133